Armin Krenz

Der Situationsorientierte Ansatz – Auf einen Blick

BURCKHARDT**H**AUS-**L**AETARE

Armin Krenz

Der Situationsorientierte Ansatz –
Auf einen Blick

Konkrete Praxishinweise zur Umsetzung

Wenn die Gegenwart das Resultat der erlebten Vergangenheit ist,
ergibt sich die Notwendigkeit,
aus einer Rücksicht eine Weitsicht zu entwickeln
und aus einem Rückblick
die Augenblicke möglichst aller bedeutsamen Erlebnisse zu begreifen,
um einen befreiten Weitblick zu entwickeln
und einen Einblick in sich selbst zu gewinnen.
Daher gilt:
Das Leben kann nur gegenwärtig gelebt werden,
wenn es rückwärts verstanden
und vorwärts gedacht wird. (AK)

© 2014, Burckhardthaus-Laetare, Körner Medien UG, München

Alle Rechte, auch die des auszugsweisen Nachdrucks, der fotomechanischen Wiedergabe sowie der Übernahme auf Ton-/Bildträger vorbehalten. Ausgenommen sind fotomechanische Auszüge für den eigenen wissenschaftlichen Bedarf.

Umschlaggestaltung: Patricia Fuchs, AVR, München
Umschlagfoto: Kathrin Nürge
Fotos: Kathrin Nürge, Foto S. 87 goce/Thinkstock.com
Satz und Layout: Sigrun Borstelmann, München
Druck und Verarbeitung: Publikum Belgrad

www.burckhardthaus-laetare.de

ISBN 978-3-944548-04-3

Inhalt

Vorwort 7

1. Wie alles anfing 11

1.1 Kleine Geschichte zum Situationsorientierten Ansatz 12

2. Ausgangswerte für den Situationsorientierten Ansatz . . . 25

2.1 Von Tradition über Trends zum Ansatz 26

2.2 Kinder- und Jugendhilfegesetz (KJHG)/Deutscher Bildungsrat . . . 29

2.3 Das Berufsbild der elementarpädagogischen Fachkräfte 40

2.4 Kindheiten heute – was Kinder brauchen 43

2.5 Die UN-Charta „Rechte des Kindes" – der Kindergarten als Ort der praktischen Umsetzung 45

2.6 Basiserkenntnisse der Entwicklungspsychologie als Ausgangspunkte für Strukturen und Gestaltungsaspekte 48

3. Voraussetzungen als Grundlagen für den Situationsorientierten Ansatz 53

3.1 Schwerpunkte 54

4. Planung, Aufbau, Durchführung und Auswertung von Projekten 69

4.1 Ausgangssituation für Projekte 70

4.2 Ausgangspunkt und Zielsetzung von Projekten 71

4.3 Lebenspläne von Kindern als Grundlage für Projekte 75

4.4 Durchführung von Projekten 78

5 Literaturhinweise 87

Vorwort

Inzwischen sind nahezu 20 Jahre ins Land gezogen, seit die erste Auflage des Buches „Der Situationsorientierte Ansatz im Kindergarten" erschienen ist. Bisher wurden viele Auflagen des Buches gedruckt und nacheinander in unterschiedlichen Verlagen publiziert. Gleichzeitig wurde der Ansatz weiterentwickelt. Es wurden neue Aspekte berücksichtigt und aufgenommen sowie neue Erkenntnisse aus den Bereichen der Entwicklungspsychologie, der Bildungs- und Bindungsforschung sowie der Neurobiologie eingebunden. Es ist gleichzeitig erfreulich, dass sich dieser elementarpädagogische Ansatz in einer Reihe von Kindertagesstätten im In- und Ausland bewährt hat und zu einem festen Selbstverständnis im Sinne einer qualitätsorientierten Arbeit wurde. Ungezählte Fortbildungsveranstaltungen, viele Symposien, Fachdiskussionen und Veröffentlichungen haben dazu beigetragen, dass der „Situationsorientierte Ansatz" von elementarpädagogischen Fachkräften, Fachberater/-innen, Ausbildungsschulen (Fachschulen/-akademien) und in universitären Studiengängen im In- und Ausland sowie einer Reihe von Wissenschaftler/-innen beachtet, diskutiert und wertgeschätzt wird.

Doch wie es bei jeder pädagogischen Grundlegung einer bestimmten Richtung üblich und auch notwendig ist, gibt es nicht nur Befürworter sondern auch Menschen, die dem „Situationsorientierten Ansatz" mit (größter) Skepsis bzw. (massiver) Ablehnung entgegentreten. Die vielfältigen Auseinandersetzungen, die darüber geführt wurden, sind dabei sowohl in öffentlichen Veranstaltungen als auch über Beiträge in Zeitschriften und in einigen Büchern zum Ausdruck gebracht worden. **Drei Aspekte sind an dieser Stelle hervorzuheben:**

1. Der „Situationsorientierte Ansatz" kann – wie jeder andere elementarpädagogische Ansatz auch – nur dann auf einer sachlichen Ebene diskutiert werden, wenn inhaltliche Schwerpunkte und Grundlagen einer nachhaltigen, entwicklungsförderlichen Bildung die Diskussion beherrschen. Dabei darf es nicht um „dogmatische Stellungskriege" gehen und einer damit verbundenen Frage, welcher „pädagogische Ansatz" besser oder schlechter sein könnte bzw. ob es einen „richtigen bzw. falschen Ansatz" geben könnte, sondern darum, was der Situationsorientierte Ansatz an fundierten Grundlagen im Hinblick auf eine qualitätsorientierte Elementarpädagogik zu bieten hat, inwieweit er den aktuellen grundlegenden Erkenntnissen der Bildungs- und Bindungsforschung entspricht, ob er mit den Grundaussagen eines „hirngerechten Lernens" kompatibel ist und inwieweit entwicklungspsychologische Grundgesetze in diesem Ansatz berücksichtigt werden.

2. Der „Situationsorientierte Ansatz" wird – wie jeder andere elementarpädagogische Ansatz auch – nur dann verstanden werden können, wenn er von den Diskussionspartnern/interessierten Leser/-innen verstanden werden will. Dies setzt ein tiefes und ernsthaftes Eintauchen in die oben genannten Wissenschaftszweige und ein hohes Maß an Anstrengungsbereitschaft voraus, um aus Erkenntnissen den mühevollen, aber zugleich auch überaus spannenden Weg eines Erkenntnisgewinns zu begehen.

3. Der „Situationsorientierte Ansatz" darf – wie jeder andere elementarpädagogische Ansatz auch – keinen Anspruch auf „Alleinexistenz" besitzen, den er auch nicht verfolgt. Er ist ein elementarpädagogischer Ansatz neben anderen Ansätzen. Die Vielfalt von Arbeitsweisen ist auch ein Merkmal einer demokratischen Pädagogik in einem demokratischen Land. Allerdings – und das ist ein Kernpunkt der Betrachtung – hat sich die Elementarpädagogik mit einem gewählten Ansatz danach auszurichten, wie die soziokulturellen und psychologisch bedeutsamen Lebensbedingungen der Kinder und ihrer Eltern/-teile vor Ort gestaltet/strukturiert sind! Aus dieser Betrachtung heraus kann es durchaus sein, dass in einer Stadt bzw. Gegend der „Situationsorientierte Ansatz" für Kinder besonders entwicklungsunterstützende Auswirkungen haben wird, wohingegen in einer anderen Stadt/Gegend vielleicht ein anderer Ansatz für Kinder und ihre Entwicklung von größerem Vorteil wäre. Daher sei schon jetzt darauf hingewiesen, dass es zu jeder professionell gestalteten Elementarpädagogik gehört, etwa alle zehn bis 15 Jahre eine **„Situationsanalyse"** vorzunehmen, um dezidiert feststellen zu können, welche Pädagogik (und damit welcher pädagogische Ansatz) für die Kinder/Eltern vor Ort besonders angezeigt ist.

Das nun an dieser Stelle vorgelegte Buch ist einerseits eine **Einführung in den „Situationsorientierten Ansatz"** und will denjenigen elementarpädagogischen Fachkräften einen Einblick geben, die sich vielleicht zum ersten Mal mit ihm intensiver beschäftigen. Ebenso möchte das Buch auch diejenigen Erzieher/-innen ansprechen, die sich schon längere oder lange Zeit mit dem Ansatz auseinandergesetzt und ihn (vielleicht sogar) zur Arbeitsgrundlage ihrer Tätigkeit erklärt haben und gleichzeitig daran interessiert sind, ihr **Wissen zu aktualisieren bzw. ihre Praxis zu reflektieren.** Zum dritten soll das Buch aber auch für diejenigen Leser/-innen von Interesse sein, die in der pädagogischen Ausbildung stecken, damit sie – gerade im Hinblick auf einen Vergleich mit anderen pädagogischen Ansätzen – die besonderen Schwerpunkte und Merkmale des „Situationsorientierten Ansatzes" kennenlernen können. Und schließlich gibt es auch die Möglichkeit, dieses Buch allen interessierten Eltern und Trägervertretern zur Verfügung zu stellen, um mehr über den „Ansatz ihres Kindergartens" zu erfahren. Es wurde in dieser Publikation Wert darauf gelegt, stets das Wesentliche des Ansatzes auf den Punkt zu bringen: konkret und praxisorientiert. Dabei bleibt es nicht aus, dass durch bestimmte Inhalte Fragen entstehen oder bestimmte Inhalte aus Sicht von Leser(inne)n ausführlicher hätten behandelt werden sollen. In diesem Fall hofft der Autor, dass die Literaturhinweise zum Schluss des Buches hilfreiche Ergänzungen bieten. Darüber hinaus können sich Leser/-innen aber auch gern direkt an den Autor des Buches wenden, um offene Fragen zu klären.

E-Mail: armin.krenz@ki.tng.de

1. Wie alles anfing

1.1 Kleine Geschichte zum Situationsorientierten Ansatz

Mit Beginn der Sechzigerjahre des vorigen Jahrhunderts kam Bewegung in die Landschaft der Kindergartenpädagogik. Auf der einen Seite etablierten sich immer stärker Kinderläden, Eltern-Kind-Gruppen und Kinderhäuser neben den klassischen Kindergärten, auf der anderen Seite erfuhr die Kindergartenpädagogik auch auf politischer und wissenschaftlicher Ebene mehr denn je eine Beachtung, wie sie bis dahin in dem Maße nie beobachtet werden konnte. Ausgehend von unterschiedlichen Forschern und Wissenschaftlern mit unterschiedlichen Forschungsansätzen und sich teilweise heftig widersprechenden Auffassungen wurden vermehrt Artikel, Buchveröffentlichungen und Manuskripte publiziert sowie Empfehlungen und Richtlinien ausgegeben, die zusammengefasst drei Hauptrichtungen aufwiesen:

1. Eine Gruppe glaubte, in der kindlichen Entwicklung – gerade im Alter zwischen drei und sechs Jahren – ein überaus großes Potenzial an Entwicklungsmöglichkeiten zu entdecken, das im Rahmen einer leistungsorientierten Gesellschaft sehr zielgerichtet genutzt werden sollte. Alles sei bzw. war dabei ausgerichtet auf ein „frühes Lesenlernen", eine „zweisprachige Erziehung" (auch ohne einen gegebenen Anlass, beispielsweise ein zweisprachiges Elternhaus), eine „grundsätzlich frühzeitige intellektuelle Förderung aller Kinder" oder ein „direktes Einüben mathematischer Grundlagen". Dabei wurde der Kindergarten als ein Ort „vorgezogener schulischer Förderung" verstanden, der sich der Aufgabe stellen sollte, vor allem alle kognitiven Potenziale der Kinder zu aktivieren und gezielt zu nutzen. Daraus entstand der **„wissenschaftlich-funktionsorientierte Ansatz".**

2. Eine zweite Gruppe legte besonders auf die „Anerkennung eines eigenen Entwicklungszeitraums KINDHEIT" Wert. Hier sollten Kinder fröhlich ihre Kinderzeit verleben, viel miteinander spielen und singen, basteln und die Tage im Kindergarten weitestgehend unbelastet erleben bei gleichzeitig festen Angeboten, um Kinder auch vorschulisch zu fördern. Der Tagesablauf war dabei klassisch strukturiert (möglichst feste Bringzeit, Freispiel, Morgenkreis, gemeinsames Frühstück, angeleitete Tätigkeit, Freispiel, Abschlusskreis und Abholzeit) und in den Jahresrhythmus fest eingebettet (Frühling, Sommer, Herbst und Winter). In diesem Fall sprechen wir von dem **„funktionsorientierten Vorschulansatz".**

3. Schließlich gab es eine dritte Gruppe, die davon ausging, dass Kinder grundsätzlich ihre eigenen Bedürfnisse selbst regeln können bzw. diese

wiederentdecken müssen, was aus Sicht der Vertreter dieser pädagogischen Richtung am besten in einer Atmosphäre zu erreichen sei, wenn sie repressionsfrei und gewaltlos, kaum strukturiert und nicht vorgegeben gestaltet ist. Dies war der Ausgangspunkt für die sogenannte Kinderladenbewegung, in der eine **Laisser-faire-orientierte, basisdemokratische Kindergartenarbeit** umgesetzt werden sollte.

Viele Mitarbeiter/-innen in den unterschiedlichen Kindergärten, Tagesstätten, Horten und Kinderläden waren dabei nicht selten von der Intensität der Forderungen und der Schnelligkeit des Tempos, mit dem die „neuen Ansprüche" (siehe Hauptrichtung 1 und 3) proklamiert wurden, überrascht. Manche fühlten sich regelrecht überrollt, andere wiederum sahen darin endlich die Chance innovativer Arbeitsstrategien. Im erstgenannten Ansatz erschienen sogleich in ungeheurer Menge „Sprach-, Rechen- und Denktrainingsmappen", „didaktische Arbeitsmaterialien" und eine unübersehbare Flut an „Lernprogrammen" auf dem Markt, und viele Erzieher/-innen nutzten diese als Arbeitshilfen; teilweise als ein Begleitprogramm neben ihrer gewohnten Arbeit, teilweise als Hauptschwerpunkt und neue Aufgabe ihrer Pädagogik. Ausschlaggebend aber war die Tatsache, dass diese vorgezogenen schulischen Materialien in den meisten Fällen unreflektiert und im Vertrauen auf die Richtigkeit vorgenommener Aussagen und Versprechungen übernommen wurden. Ein paar Jahre später zeigten neue Forschungsaufgaben, dass die anfängliche Euphorie zu früh geäußert wurde. Ja, einige Forschungsarbeiten konnten eine **Wirkungslosigkeit dieser isolierten Lernprogramme im Hinblick auf eine mittel- und langfristige Lernwirkung bei Kindern** belegen. Es gab keine bzw. kaum Belege für eine NACHHALTIGKEIT der initiierten Lernprozesse bei Kindern. „Rein in die Kartoffeln – raus aus den Kartoffeln", dieser altbekannte Spruch kommt einem hier schnell in den Sinn, und nicht wenige Erzieher/-innen drückten ihre anfängliche Begeisterung nun mit einiger Enttäuschung auf die angeblich vorschnell proklamierten, „abgesicherten Forschungsdaten" aus. So gab es überall in Deutschland sehr kontroverse Diskussionen, ernsthafte und polemische Debatten, politische Stellungnahmen unterschiedlicher Couleur und öffentliche Dispute. Doch trotz aller Problematik und vielfältiger tragikkomischer Auswirkungen in der Praxis machten die Diskussionen und Auseinandersetzungen eines deutlich: Der Elementarbereich kam wiederum in BEWEGUNG und es entstand – dringender denn je – ein erneuter Prozess der Suche nach „dem bestmöglichen Weg einer förderlichen Kindergartenarbeit", ein Überdenken der bisherigen Arbeit und eine Betrachtung neuer Perspektiven. So wurde in den Jahren ab 1970 von Trägern der freien und öffentlichen Wohlfahrtspflege, von einigen Universitäten und wissenschaftlichen Instituten sowie von einigen Landesministerien unterschiedliche Modellversuche in verschiedenen Bundesländern eingerichtet und durchgeführt. Aber auch hier widersprachen sich die Arbeits- und Forschungsansätze; es wurden sowohl institutionell und öffentlich regelrechte **„Glaubenskriege"** im Hinblick auf pädagogische Ansätze und Arbeitsweisen ausgetragen, und jede Institution glaubte, den „Stein der Weisen" gefunden zu haben. Erstmals im Jahr 1970 und noch deutlicher 1973 griff der Deutsche Bildungsrat die Pluralität der unterschiedlichen Modellversuche dadurch auf, dass er allen interessierten Institutionen und verantwortlichen Kammern Vorschläge für eine curriculare „Entwicklungsarbeit in Modellkindergärten" unterbreitete und Empfehlungen zur Errichtung eines Modellprogramms für Curriculumentwicklung im Elementarbereich vorlegte. Dies mit einer Klarheit und einer Aussagekraft, die bis dahin eher ungewohnt war. Unter anderem sprach der Deutsche Bildungsrat von einem eigenen Erziehungs-, Bildungs- und Betreuungsauftrag der Kindertagesstätten. Dabei benutzte er den Begriff der Elementarpädagogik und sprach nicht mehr vom sogenannten Vorschulbereich! Freudige Begrüßung der Aussagen wie heftige Kritik von einigen Verbänden und politischen Gremien waren die Folge, und die Bundesländer lehnten die Umsetzung der Bildungsratsempfehlungen (leider) ab. Allerdings wurde der dort vorgestellte „Pädagogische Ansatz zum situationsbezogenen Lernen" von vielen beachtet, grundsätzlich geschätzt und in entsprechende Überlegungen der Länder berücksichtigt. So hieß es dort unter anderem:

> *„Bei der Entwicklungsarbeit ist von den realen Lebenssituationen der Kinder auszugehen" (und Kinder dahingehend zu unterstützen), „ihre Lebenssituationen zu beeinflussen und zunehmend selbstständiger zu bewältigen. Zugleich sollen die Kinder beteiligt werden, sachliche Probleme soweit als möglich gemeinsam zu lösen und soziale Konflikte zu verstehen, zu meistern oder zu ertragen."*
>
> ***(Deutscher Bildungsrat 1973, S. 13f.)***

Schließlich wurden die überregionalen Planungsarbeiten ab 1974 innerhalb der Bund-Länder-Kommission (BLK) unter direkter Beteiligung des Deutschen Jugendinstituts (DJI) koordiniert und neun Bundesländer einigten sich, in den Jahren 1975 bis 1977 ein Erprobungsprogramm für Curriculum-Materialien im Elementarbereich unter der finanziellen Beteiligung des Bundes durchzuführen. (Das Land Baden-Württemberg arbeitete nur in assoziierter Form mit, und Bayern beteiligte sich nicht, machte aber den übrigen Ländern das Angebot, seine Materialien zu erproben.) Insgesamt beteiligten sich bei dem Großversuch 240 Kindergärten mit 960 Erzieher/-innen und 15.000 Kindern sowie 60 Wissenschaftler/-innen und Sozialpädagog/-innen.

Ein damals entstandener und noch heute nicht ausgeräumter Widerspruch entstand vor allem durch das „Curriculum Elementare Sozialerziehung", in dem „Didaktische Einheiten" entwickelt und aufbereitet wurden.

> *So etwa zu den (immer schon bekannten) Themen:*
> *Wir lernen uns kennen – Jeder hat ein Zuhause – Unsere Kindergartengruppe – Wir erkunden unsere Umgebung – Konflikte in unserer Umgebung – Wie wir wohnen und wie Menschen in anderen Ländern wohnen – Wie wir uns kleiden und wie sich Menschen in anderen Ländern kleiden – Was wir essen und was Menschen in anderen Ländern essen – Kinder im Krankenhaus – Kinder kommen in die Schule – Werbung – Wochenende – Verlaufen in der Stadt – Kinder als Außenseiter ...*

So gut und berechtigt diese „Didaktischen Einheiten" auch aus Sicht der Entwickler/-innen (gewesen) sein mögen, so widersprüchlich stehen sie dennoch zur Zielsetzung des „Situationsorientierten Ansatzes". Wieder einmal glaubten Erwachsene, individuelle Wünsche, Interessen und Arbeitsschwerpunkte von Kindern formulieren zu können und Themenbereiche bis in alle Kleinigkeiten und Feinheiten festlegen zu dürfen, um entsprechende Arbeitsvorhaben strukturiert anzubieten. Sicher war dies nicht so beabsichtigt, zumal sich die damals formulierten Theorieansprüche anders anhörten als in dem Curriculum ausgeführt, doch hat sich – und das ist das Entscheidende(!) – **in der Praxis gezeigt,** dass sich damals wie heute immer noch die Inhalte als „curriculare didaktische Einheiten" darstellen und wie **„strukturierte Themenblocks"** mit Kindern **„abgearbeitet"** werden. Kritische Leser/-innen werden daher den Bezug zum funktionsorientierten Ansatzverständnis herstellen (können) – dargestellt wie in den erwähnten Hauptrichtungen 1 und 2. Es entsprach/entspricht den Tatsachen, dass die didaktischen Einheiten bedeutsame Merkmale des funktionsorientierten Ansatzes übernommen haben, auch wenn sie mit anderen Themen, anderen Vorzeichen, anderen Interessen und Absichten ihre Grundlage ableiten. Vielfach wurde in der Praxis die Formulierung „Situationsansatz auf funktionsorientierter Grundlage" genutzt.

Was nun Ende der Siebzigerjahre und in den Achtzigerjahren des vorigen Jahrhunderts die Praxis war, lässt sich anhand sehr umfangreicher Beobachtungen in Kürze wie folgt zusammenfassen:

Auf der einen Seite gab es Kindergärten, die sich nach wie vor der traditionellen Kindergartenpädagogik („Leben und Lernen im Jahresrhythmus") verpflichtet fühlten und unbeirrt ihren einmal bekannten Weg, den die Kindergartenpädagogik schon seit Jahren eingeschlagen hatte, fortsetzten.

Dann gab es Kindergärten, die sich zum Situationsansatz stark hingezogen fühlten und ihre didaktischen Einheiten zum Ausgangspunkt ihrer pädagogischen Schwerpunktsetzung erklärten.

Es fand sich aber auch eine außergewöhnlich große Anzahl von Kindergärten, die den starken Wunsch hatten, sich von der eher funktionsorientierten Arbeitsweise zu verabschieden, gleichzeitig aber dem Situationsansatz keinen pädagogischen Gewinn abringen konnten und sich dahingehend entwickelten, **„situativ"** zu arbeiten. Dabei leiteten die Mitarbeiter/-innen ihre Schwerpunkte aus spontanen Beobachtungen ab oder ließen sich von aktuellen Gegebenheiten/Ereignissen/Vorkommnissen hinsichtlich ihrer Schwerpunkte beeinflussen. (Kamen im Herbst beispielsweise Eltern mit Körben voller Obst aus ihren Gärten zum Kindergarten, wurde daraus „spontan" ein „Projekt Gartenfrüchte" gemacht; fand eine schwangere Erzieherin/Mutter eines Kindergartenkindes bei den Kindern ein hohes Maß an Beachtung, konnte es durchaus passieren, dass daraus „spontan" ein „Projekt: Entstehung des Lebens" konzipiert wurde; kam ein Kind sehr traurig zum Kindergarten, weil es beispielsweise auf dem Weg dorthin einen überfahrenen Igel auf der Straße liegen sah, war es nicht ausgeschlossen, dass daraus „spontan" ein Projekt „Gefahr im Straßenverkehr für Menschen und Tiere" geplant wurde.) Diese Mitte der Achtzigerjahre entstandene Vielfalt „pädagogischer Arbeitsansätze im Elementarbereich" wurde selbstverständlich noch durch andere Ansätze erweitert, die allerdings im Rahmen dieses Buches nur kurz genannt, doch inhaltlich nicht weiter ausgeführt werden: der Waldkindergarten; die „Reggio-Pädagogik" (Prof. L. Malaguzzi); der „lebensbezogene Ansatz" (Prof. Dr. Norbert Huppertz), die „kindzentrierte Kindergartenarbeit" (Prof. Dr. Sigurd Hebenstreit) und der „offene Kindergarten" (Axel Jan Wieland/Gerhard Regel). Daneben existierte nach wie vor die „Montessori-Pädagogik" (Maria Montessori), die „Pestalozzi-Pädagogik" (Johann Heinrich Pestalozzi), die „Fröbel-Pädagogik" (Friedrich Fröbel), die „Freinet-Pädagogik" (Célestin Freinet) und die „Korczak-Pädagogik" (Dr. Janusz Korczak).

In der Praxis entstand schnell eine **Unschärfe** in der Nutzung bestimmter Begriffe, was einerseits aus der Existenz ähnlicher Worte (**Situationsansatz, situativer Ansatz, situationsbezogene Arbeit, Situationsbezogener Ansatz**) passieren kann, andererseits erschien es aus professioneller Sicht notwendig, sich dem ursprünglich genutzten Begriff (**„situationsbezogenes Lernen"**) noch einmal nachträglich zuzuwenden, weil die beabsichtigte und geradezu revolutionäre Kehrtwende in der damaligen Elementarpädagogik außergewöhnlich viele Chancen mit sich brachte, diese auf neuartige Fundamente zu setzen und Kinder tatsächlich zum Ausgangs- bzw. Mittelpunkt der Arbeit zu erklären:

In den Jahren 1984 bis 1989 hat der Autor dieses Buches auf der einen Seite im Rahmen seiner Arbeit am Institut für angewandte Psychologie und Pädagogik in Kiel noch einmal die gesamte Literatur im deutschsprachigen Raum aufgearbeitet, die entweder direkt mit der inzwischen üblichen Bezeichnung „Situationsorientierte Arbeit im Elementarbereich" beschrieben wurde oder indirekt damit in Beziehung stand, und durch inhaltliche Konsequenzen oder notwendige Ergänzungen vervollständigt, um daraus einen eigenständigen Ansatz zu entwickeln: den Situationsorientierten Ansatz.

Wie schon in dem überarbeiteten Basisbuch (SCHUBI Lernmedien AG, Schaffhausen, 2. Aufl. 2013) und auch in der damaligen Aufbaupublikation („Bewegung im Situationsorientierten Ansatz": Verlag Herder, Freiburg 2. Aufl. 1997) deutlich dokumentiert, geht der „Situationsorientierte Ansatz" von **ganz bestimmten Eckwerten** aus – beispielsweise was das **Person- und Rollenverständnis** der Erzieher/-innen auszeichnet, was als **Grundlage zum Aufbau von Projekten** heran gezogen wird, welchen **Stellenwert** die **Eltern** im elementarpädagogischen Prozess haben, welche **grundlegenden Ansprüche an die kollegiale Zusammenarbeit** gestellt werden, wo er sich deutlich von unberechtigten öffentlichen Erwartungen abgrenzt, wie der **didaktische Aufbau von einem Projekt** geplant werden sollte und welche **Qualitätsansprüche** der Ansatz zu realisieren hat. Gleichzeitig ist der Situationsorientierte Ansatz in seiner Entwicklung nicht stehen geblieben, so dass gerade neuere Erkenntnisse aus der Entwicklungspsychologie (hier sind vor allem die Bedeutungswerte kindeigener Ausdrucksformen zu nennen), der Bindungs- und Bildungsforschung sowie der Neurobiologie berücksichtigt wurden.

So geht er nach wie vor von folgenden Grundbausteinen aus:

1. Kinder haben ein Recht auf deutliche Orientierungshilfen für ihre Entwicklung und Erzieher/-innen haben die Aufgabe, durch ihre persönlichen und beruflich-professionellen Merkmale dafür zu sorgen, dass Kinder diese Orientierungshilfen im Sinne eines Modellverhaltens als entwicklungsförderlich erleben, getreu dem Motto: Man kann ein Kind nur soweit bringen, wie man selbst gekommen ist. „Der Situationsorientierte Ansatz sorgt für eine **werteorientierte Struktur**, lehnt aber gleichzeitig eine normengeprägte Strukturierung in der Tagesablauf-

gestaltung bzw. im Interaktionsgeschehen (also der Art und Weise, wie Erwachsene mit Kindern umgehen) ab. Werte wollen erlebt werden, wohingegen Normen aufgesetzte, außengesteuerte (und häufig fachlich unberechtigte) Gewohnheits- und Alltagsregeln sind."

2. Kinder haben das Recht auf eine persönliche Entfaltung, solange sie nicht andere Menschen, Tiere oder ihre dingliche Umwelt mit dissozialem Verhalten in Schwierigkeit bringen. „Der Situationsorientierte Ansatz setzt sich dafür ein, dass jedes Kind in der Einrichtung die Möglichkeit hat, seine individuelle Identität zu entdecken, aufzubauen und zu stabilisieren."

3. Kinder haben das Recht und die Pflicht, eigene Erfahrungen zu machen, um ein **„Leben aus erster Hand"** kennenzulernen. „Der Situationsorientierte Ansatz versucht tagtäglich, die Kinder dabei zu unterstützen, ein höchstes Maß an Selbstständigkeit aufzubauen. Aus diesem Grund lautet ein wesentlicher Kernsatz: ‚Tu nichts für Kinder – mach alles mit Kindern und trau ihnen möglichst viel zu, damit sie aus Erfahrungen lernen können und sogenannte Belehrungen überflüssig sind.'"

4. Kinder haben ein Recht darauf, sich als Gäste auf dieser Welt zu empfinden und dazu bedarf es humaner Gastgeber/-innen (Erzieher/-innen), die den Kindern ein **Modell für Humanität** sind. „Der Situationsorientierte Ansatz pflegt zu Kindern eine bewusst wertschätzende, respektvolle und von Achtung geprägte Umgangskultur."

5. Kinder haben das Recht auf ihren **„Erlebnisraum Kindheit", in** dem sie weder möglichst früh perfekt sein müssen, noch als kleine, unfertige Erwachsene betrachtet und entsprechend behandelt werden. „Der Situationsorientierte Ansatz spricht sich deutlich gegen eine sogenannte Vertreibung von Kindheiten aus und versteht das Kindergartenalter als einen eigenständigen Entwicklungszeitraum. Elementarpädagogische Fachkräfte wenden sich daher deutlich gegen alle Versuche, die darauf abzielen, sich der Kindheit zu bemächtigen."

6. Die Welt von Kindern ist von überzogenen Programmen – ausgerichtet auf Kinder – zu befreien, um ihnen einerseits Zeit zum Kinderleben zur Verfügung zu stellen und um andererseits mit ihnen gemeinsam die **Zeit als ein gemeinsames, beziehungsorientiertes Erlebnis** auszufüllen. Der Situationsorientierte Ansatz schenkt dabei dem **„hirngerechten Lernen"** die größte Aufmerksamkeit. Das heißt, dass ein Lernen nur dann nachhaltig sein kann, wenn sich a) die Lernmöglichkeiten auf das

Alltagsgeschehen der Kinder beziehen lassen und b) auf künstlich angesetzte, teilisolierte Programmeinheiten grundsätzlich verzichtet wird."

7. Die Kindertageseinrichtung hat auf alle Formen der Überforderung und Unterforderung der Kinder zu verzichten. „Der Situationsorientierte Ansatz **orientiert sich an den Entwicklungsmöglichkeiten der Kinder** und ermöglicht ihnen, dass sie sich den Alltagsherausforderungen stellen (können), weil Kinder etwas leisten wollen, um sich als ‚**bewirkende Subjekte**' entdecken und erleben zu können."

8. Elementarpädagogische Fachkräfte müssen entschiedene Bündnispartner/-innen von Kindern sein. „Der Situationsorientierte Ansatz lebt in erster Linie aus der bzw. durch die **HALTUNG der Fachkräfte,** die sich zuoberst aus ihrem Fachwissen und ihrer humanistisch geprägten Einstellung heraus den Entwicklungsbedürfnissen von Kindern zuwenden und sich weder zu willfährigen Erfüllungsgehilfen der Wirtschaft noch anderer Interessengruppen degradieren und/oder sich von ihnen vereinnahmen lassen."

9. Kinder haben das Recht, dass Ursachen für erwartungswidriges Verhalten, das Kindern durch bestimmte, von ihnen nicht zu vertretende Ursachen entstanden ist, von Erzieher/-innen und Eltern verändert werden, ohne dass an Symptomen (Problemfolgen) punktuell herumgedoktert wird. „Der Situationsorientierte Ansatz versucht – sowohl innerhalb der Kindertageseinrichtung als auch außerhalb – für **entwicklungsförderliche Lebens- und Entwicklungsbedingungen vor Ort** zu sorgen, damit Kinder die Möglichkeit haben, ihr erwartungswidriges Verhalten ablegen zu können. Hier haben nicht die Kinder eine Bringschuld, sich verändern zu müssen, sondern die Erwachsenen haben die Aufgabe, dafür Sorge zu tragen, dass Kinder aus entwicklungshinderlichen Bedingungen herausfinden und nicht mehr in der Not sind, mit ihrem erwartungswidrigen Verhalten auf entwicklungshinderliche Merkmale im Umfeld hinzuweisen. Dazu bedarf es eines umfangreichen Wissens zum psychologischen Bedeutungs- und Erzählwert kindeigener Ausdrucksformen."

10. Kinder brauchen Erwachsene – elementarpädagogische Fachkräfte und Eltern –, die Kinder als **eigenständige, individuelle Persönlichkeiten** annehmen, ihr gezeigtes Verhalten aus entwicklungspsychologischer Sicht verstehen und Arbeitsansatzmöglichkeiten in kindorientierte Projekte einbinden. „Der Situationsorientierte Ansatz versucht, das Ausdrucksverhalten von Kindern zu erfassen und anschließend

den jeweils besonderen Bedeutungswert zu sehen, damit die vielgenutzte Praxisaussage ‚Wir holen das Kind da ab, wo es steht' zur tatsächlichen Realität möglichst vieler Kinder werden kann."

11. Der Kindergarten hat sich in **seiner unverwechselbaren Eigenständigkeit** im Vergleich zu allen anderen Bildungseinrichtungen abzugrenzen. „Der Situationsorientierte Ansatz bezieht sich kompromisslos und klar auf den ‚**eigenen** Erziehungs-, Bildungs- und Betreuungsauftrag', so wie es sowohl im Kinder- und Jugendhilfegesetz (VIII. Band, II. Halbband) als auch in allen Kindertagesstättengesetzen der 16 Bundesländer festgeschrieben ist. Ein eigener Entwicklungszeitraum ‚Kindheit' hat auch **eigene Entwicklungsgesetze** und bedarf daher in gleicher Weise eines eigenen Entwicklungsraumes mit gegenwartsorientierten Schwerpunkten."

12. Pädagogische Begriffe und pädagogische Aussagen (Absichtserklärungen) müssen immer wieder mit Inhalt und Leben gefüllt werden. „Der Situationsorientierte Ansatz stellt nicht nur den Kindern einen entwicklungsförderlichen Lebens- (und damit gleichzeitig auch Lern-)raum zur Verfügung, sondern achtet auch immer wieder auf die vielfältig vorhandenen Möglichkeiten der Reflexion, ob ‚schön formulierte Absichtserklärungen' auch tatsächlich eingelöst werden. Es stellt sich beispielsweise immer wieder die Frage, ob **das Kind tatsächlich noch den Ausgangspunkt der Pädagogik** bildet oder nicht eher Wirtschaftsinteressen bzw. politische Absichten/Erwartungen die Elementarpädagogik bestimmen bzw. Eltern-/Trägerwünsche die Marschrichtung des Alltags vorgeben. Insofern ist der Situationsorientierte Ansatz auch ein deutlich (sozial-)politischer Ansatz."

13. Die Elementarpädagogik muss sich in der Praxis (wieder) auf bedeutsame Werte aus dem Bereich der **Kommunikations-, Umgangs-, Konflikt-, Sprach-, Ess- und Spielkultur** beziehen und diese im pädagogischen Alltag realisieren. „Der Situationsorientierte Ansatz legt in der Umsetzung seiner Pädagogik den größten Bedeutungswert auf eine intensiv gelebte Beziehungsqualität sowie auf eine kulturell erlebbare Interaktionsqualität, in der **entwicklungsförderliche Werte** zum Kulturgut mit erster Priorität erklärt werden."

14. Werteerziehung geschieht in erster Linie durch das Modellverhalten der Erzieher/-innen und Eltern. „Der Situationsorientierte Ansatz orientiert sich immer wieder an der Grundaussage von Johann Heinrich Pestalozzi: Erziehung ist Liebe und Vorbild. Sonst nichts."

15. Kinder haben ein Recht auf motivierte, engagierte, persönlichkeitskompetente Entwicklungsbegleiter/-innen, die **selbsterfahrungs- und entwicklungsorientiert** zunächst ihr eigenes Leben strukturieren und gestalten, wobei zielgerichtete Erwartungen an Kinder zunächst zielgerichtete Ansprüche an sich selbst zur Realität werden. „Der Situationsorientierte Ansatz orientiert sich weiterhin an einer der Grundaussagen von Dr. Janusz Korczak, der in seiner Haltung verdeutlicht: Du kannst den anderen nur so weit bringen, wie du selbst gekommen bist. Daher gehört die permanente **Selbstreflexion** und die persönliche Weiterentwicklung zum unverzichtbaren Anspruch dieses Ansatzes."

16. Die Elementarpädagogik muss Kindern **vielfältigste Entwicklungschancen** bieten, damit die ganze Fülle des Lebens/der Facettenreichtum erfahrbarer Erlebnisse für Kinder greifbar wird. „Der Situationsorientierte Ansatz wird sowohl **im Innenbereich der Einrichtung als auch im Außenbereich** des Wohn- bzw. Lebensumfeldes umgesetzt. Erfahrungen werden in **realen Lebensbezügen** ermöglicht, und **Kinder werden partizipierend an Entscheidungen beteiligt.** Statt an Tischen zu basteln werden beispielsweise unterschiedliche Materialien gemeinsam (aus dem Lebensumfeld, aus Geschäften und Betrieben) zusammengetragen, um Projekte zu spannenden Erlebnisräumen zu gestalten."

17. Kinder haben ein Recht auf eine zeitgemäße Pädagogik, die sich nach ihren **Lebensrealitäten** richtet und in der aktuelle Ergebnisse aus Sozial- und Entwicklungspsychologie berücksichtigt werden. Unreflektierten, modernistischen Tendenzen wird dabei kein Wert zugestanden. „Der Situationsorientierte Ansatz richtet sich nach neuen Erkenntnissen aus den oben genannten vier Forschungsfeldern, grenzt sich aber gleichzeitig deutlich von tagesaktuellen Modernismen ab. Berechtigte Ansprüche werden in der Pädagogik berücksichtigt; fachlich unberechtigte Ansprüche und Erwartungen erhalten demgegenüber ‚die Rote Karte'."

18. Kinder haben ein Recht darauf, immer dann Hilfen zur eigenen (Weiter-)Entwicklung zu bekommen, wenn sie selbst nicht in der Lage sind, Entwicklungsimpulse aus eigenen Kräften zu spüren und in eigene Handlungsstrategien umzusetzen. **„Der Situationsorientierte Ansatz gibt Kindern immer wieder Impulse – und verzichtet dabei auf Angebote!** Er begleitet Kinder aktiv und engagiert und überlässt sie nicht einer leeren Welt, wenn ihnen die Möglichkeiten fehlen, aus sich selbst heraus Entdecker ihrer Innen-/Außenwelt zu werden."

19. Kinder haben das Recht, mit Konsequenzen ihres Handelns konfrontiert zu werden, um auch unbequeme Lernerfahrungen zu machen, allerdings unter der Prämisse einer grundsätzlich fehlerfreundlichen Haltung. „Der Situationsorientierte Ansatz unterstützt insofern keine Form der zunehmenden Spaßgesellschaft, noch zeigt er Tendenzen einer Laisser-faire-Pädagogik."

20. Elementarpädagogik kann nur dann **Qualität im Innenverhältnis und in ihren Außenbereichen** zeigen, wenn sie eine breite Unterstützung durch (sozial-)politische und wissenschaftliche Mandatsträger erfährt. „Der Situationsorientierte Ansatz hat den Anspruch, dass sich die Fachkräfte sowohl sozialpolitisch als auch berufspolitisch aktiv engagieren und sich motiviert für entwicklungsförderliche Rahmenbedingungen einsetzen."

21. Entwicklungsprozesse werden sich bei Kindern und Erwachsenen nur dann vollziehen, wenn sie eine **Entwicklungsatmosphäre** erleben, die von **Menschlichkeit, Entschleunigung der Zeit, Achtsamkeit, Sicherheit, Optimismus und Zutrauen** geprägt ist. „Der Situationsorientierte Ansatz erkennt die hohe Bedeutung einer entwicklungsfreundlichen Beziehungsatmosphäre im Alltagsgeschehen an, die als Grundlage für Bindungs- und Selbstbildungsprozesse der Kinder dienlich ist, sodass eine ‚Bildung aus erster Hand' geschehen kann."

22. Kinder können sich nur dann auf ein „Lernen für die Zukunft" einlassen, wenn sie die Chance erhalten, **seelische Grundbedürfnisse** befriedigt zu bekommen, bedeutsame und prägende Erlebnisse/Erfahrungen und Eindrücke aus ihrer individuellen Vergangenheit zu verarbeiten und dabei Menschen um sich herum erleben, die ihnen in ihrer Entwicklung aktiv und wohlwollend behilflich sind. „Der Situationsorientierte Ansatz fühlt sich der psychologischen Annahme verpflichtet, dass sich der Mensch nur dann entwickeln kann, wenn er überwiegend entwicklungsförderliche Erlebnisse, Erfahrungen und Eindrücke als Bilder in seinem Gehirn abspeichern konnte und die Grundmatrix (= das basisbildende Muster) des Gehirns zum Erlebnis des Kindes führt, dass es von folgenden Ausgangsdaten überzeugt ist: **ICH BIN** wichtig, einmalig, unverwechselbar und bedeutsam, **ICH KANN** Situationen beeinflussen, mein Leben in die eigenen Hände nehmen, Gefühle ausdrücken, mich verstehen, mich mit mir selbst auseinandersetzen, mich weiterentwickeln, und **ICH HABE** ein tiefes Grundvertrauen in mir, auch schwierige Aufgaben zu lösen, eine Sicherheit, die mir immer wieder hilft, Neues auszuprobieren, unbekannte Wege zu gehen, Freude

daran, kommunikativ mit anderen Menschen in Kontakt zu treten, die Fähigkeit, mich Konflikten zu stellen und diese konstruktiv zu lösen; ich habe Interesse, soziales Verhalten an den Tag zu legen, und besitze die Fähigkeit, dort, wo es nötig ist, egoistische Wünsche zurückzustellen. Insofern sorgt die Kindertageseinrichtung dafür, dass **Kinder das Können können und nicht das Sollen sollen.** Es geht dabei primär um den Aufbau und die Stabilisierung von **Fähigkeiten** und nicht um das Einüben von **Fertigkeiten.**"

23. Alle Kinder haben das Recht, **gemeinsam aufzuwachsen,** miteinander zu spielen und zu lernen, das Glück ihrer Kindheit zu erleben sowie ihr Leben zu entdecken und ihre vielfältigen Ressourcen auszubauen. „Der Situationsorientierte Ansatz spricht sich unmissverständlich für eine **Inklusionspädagogik** aus, in der Kinder aus unterschiedlichen Nationen, mit ihrer unterschiedlichen Lebensbiografie, ihrem unterschiedlichen kulturellen Hintergrund und ihrer besonderen Lebenssituation im Alltag erfahren können, dass es ‚normal ist, verschieden zu sein'. Die Alltagspädagogik dieses Ansatzes will dazu beitragen, dass schon Kinder (und ihre Eltern) von Anfang an erfahren können, dass ein Überleben der Menschheit auf dieser Welt nur möglich sein wird, wenn MENSCHLICHKEIT, FRIEDFERTIGKEIT und AKZEPTANZ zu den Grundhaltungen des Menschen gehören und sich der Einzelne in einer bunten Welt wohlfühlt, seine eigenen Entfaltungsmöglichkeiten entdeckt und gleichzeitig die Verschiedenartigkeit aller Menschen als eine Bereicherung seines Lebens und das der anderen Menschen ansieht."

2. Ausgangswerte für den Situationsorientierten Ansatz

2.1 Von Tradition über Trends zum Ansatz

Lange Zeit schien es in Deutschland so zu sein, dass viele Kindertagesstätten (sowohl in den alten als auch in den neuen Bundesländern) ihre Arbeitsweise, ihre Schwerpunkte und gesamten Konzepte nach Prinzipien ausgerichtet und gestaltet haben, die **traditionell auf normativen Erfahrungen** fußten und bei einer professionellen Betrachtung alles andere als eine fachliche Grundlage besaßen.

Auf der einen Seite gab (und gibt) es Einrichtungen, die ihre Arbeit und ihr besonderes Arbeitsverständnis jeweils **aus den persönlichen Schwerpunkten** der Erzieher/-innen und deren persönlichen Arbeitsvorstellungen abgeleitet und begründet haben. Hier wurden die Kindertagesstätten schnell zu einem persönlichen Selbstverwirklichungsfeld der dort tätigen Personen. Hatten die Erzieher/-innen beispielsweise ein hohes Interesse an Kunst, wurde in diesem Bereich mit Kindern viel unternommen – fehlte das Interesse, wurde der Bereich vernachlässigt oder gar unberücksichtigt gelassen und stattdessen mit sinnentleerten Schablonen etwas produziert, um nicht zuletzt den Eltern „schöne Arbeitsergebnisse" vorlegen zu können. Ähnlich verhielt es sich mit den Schwerpunkten „Bewegung", „Kultur", „darstellendes/szenisches Spiel" oder „Werken statt Basteln". Personorientierte Merkmale bzw. persönliche Schwerpunktsetzungen bestimmten in erster Linie die didaktischen Schwerpunktsetzungen, und so waren die Einrichtungen außergewöhnlich stark von den Personen selbst geprägt.

Dann gab (und gibt) es Einrichtungen, die ihre Arbeit sehr stark nach den Wünschen der Eltern, des Trägers (und in Delegation der Fachberatung) oder auch der nachfolgenden Bildungseinrichtung „Schule" ausgerichtet haben (ausrichten). Wünschten die Eltern beispielsweise besondere Schwerpunktsetzungen, kamen Erzieher/-innen diesen Wünschen – wenn auch manches Mal widerwillig – nach, um beispielsweise Konflikten oder anstehenden Auseinandersetzungen aus dem Wege zu gehen oder aus Sorge, dass Eltern aus Unzufriedenheit ihre Kinder aus der Einrichtung abmelden könnten. Oder war es beispielsweise ein bestimmter Trägerwunsch, wie die Arbeit auszusehen hatte, kamen Erzieher/-innen diesem Wunsch nach, um auch hier vielfältigen Diskussionen keinen Raum zu bieten, durch den sie dann in „Misskredit beim Träger" geraten könnten. In diesem Fall bot die Kindertagesstätte ein Bild von Erwartungsorientierung im Sinne fremdbestimmter Wünsche.

Es gab (und gibt) aber auch Einrichtungen, die ihre **Schwerpunktsetzungen nach aktuellen Trends bzw. politischen und pädagogischen Strömungen** ausgerichtet haben bzw. ausrichten und ihr „Fähnlein" eifrig nach dem jeweils vorherrschenden Wind wehen lassen. Das ist nicht besonders schwer, zumal alle Jahre wieder irgendwelche Trends den pädagogischen Markt der Möglichkeiten um vielfältige Arbeitsvarianten „bereichern" und „erweitern". Diese **Trendpädagogik** offenbart sich als ein Versuch, der Einrichtung immer wieder ein neues Profil zu geben, ohne dabei zu bemerken, dass gerade dadurch die Profillosigkeit permanent zunimmt, weil es an einer qualitätsgeprägten Grundlagenorientierung fehlt(e). Früher gab es den Spruch „rein in die Kartoffeln, raus aus den Kartoffeln", wodurch zum Ausdruck gebracht werden sollte, dass vor Kurzem noch hochgelobte und praxisbestimmende Schwerpunkte vorschnell, überstürzt oder ungeprüft durch neue Zielsetzungen und andere Arbeitsvorhaben abgelöst wurden/werden.

Schließlich gab (und gibt) es Einrichtungen, die sich ganz und gar einer **traditionsverpflichtenden Aufgabe** im Sinne einer herkömmlichen Pädagogik verbunden fühl(t)en, getreu dem Motto: „Was früher richtig war, kann heute nicht falsch sein." Nun, wenn diese Grundlage beispielsweise auf viele Aspekte und Behandlungsmöglichkeiten der Medizin übertragen würde oder die Schulpädagogik mit ihrer alten Methodik/Didaktik auch heute noch den klassischen, gehorsamsorientierten Konfrontationsunterricht der Kaiserzeit beibehalten hätte, dann sähe die Situation vor Ort in diesen Institutionen häufiger noch dramatischer aus, als sie zurzeit ist. Dasselbe gilt uneingeschränkt für die Institution Kindertagesstätte – auch hier können Kinderseelen wachsen oder verkümmern, gesunden oder krank werden, leben oder sterben, weil bekannt und nachgewiesen ist, dass der Einfluss einer Kindertagesstättenpädagogik (neben dem elterlichen Einfluss) lebenslange, nachhaltige Bedeutungen hat – ganz im Sinne einer biografischen Einflussnahme und Prägung.

Und nicht zuletzt gleichen heute viele Kindertageseinrichtungen **vorschulischen Kaderschmieden,** weil sie die Bildungsarbeit in der Elementarpädagogik als eine funktionale **Belehrungspädagogik** verstanden haben/verstehen, den Begriff „Bildung" mit dem pädagogischen Verständnis einer kognitiven Förderung gleichsetzen und damit den eigenständigen Bildungsauftrag von Kindertageseinrichtungen unmerklich aufgegeben haben und sich gleichzeitig von der Bildungsdefinition des Europarates (2002) immer stärker entfernen.

Der Situationsorientierte Ansatz hebt sich von den hier vorgestellten Arbeitsgrundlagen und Sicherheiten deutlich ab.

Er

- will kein Selbstverwirklichungsfeld für Erzieher/-innen sein,
- grenzt sich deutlich gegen alle Versuche ab, Erfüllungsgehilfe für fremdbestimmte,
- und fachlich unberechtigte Wünsche/Erwartungen, die wirtschafts- oder politisch
- dogmatisiert und motiviert sind, zu sein,
- setzt sich zwar inhaltlich sorgsam und fachlich orientiert mit den jeweils aktuellen Trends aus der Pädagogik/Politik auseinander, lehnt es aber ab, jedwede Trends ungeprüft zu übernehmen,
- stellt alle(!) traditionsorientierten Merkmale der Elementarpädagogik inhaltlich in Frage und wägt sorgsam ab, welche Aspekte einen fachlich nachvollziehbaren Sinn für die professionelle Entwicklungsbegleitung von Kindern haben und welche nicht, getreu dem Motto: Nicht alles, was alt ist/war, ist schlecht und auch das Neue, das nun hinzukommt, ist nicht deshalb automatisch gut, nur weil es neu ist.
- So stellt sich nun die Frage, welche **Ausgangswerte** der Situationsorientierte Ansatz besitzt, die für das Arbeitsverständnis und die Arbeitsweise von grundsätzlicher Bedeutung sind.
- Folgenden **Basalorientierungen** fühlt sich der Situationsorientierte Ansatz verpflichtet:
- dem Kinder- und Jugendhilfegesetz (KJHG)/
- dem Deutschen Bildungsrat mit seiner Grundlegung für einen eigenständigen Betreuungs-, Bildungs- und Erziehungsauftrag;
- dem fachlich klar formulierten Berufsbild der Erzieher/-innen;
- der UN-Charta Rechte des Kindes;
- den Kindertagesstättengesetzen der entsprechenden Bundesländer, sofern diese die genannten Basalorientierungen beachtet haben;
- den Bildungsrichtlinien/-konzepten der einzelnen 16 Bundesländer, sofern diese eine ganzheitliche Elementarpädagogik in ihren Ausführungen deutlich werden lassen;
- den Realitäten und Daten heutiger Kindheiten, um Kinder (und ihre

Eltern) in ihren tatsächlichen biographischen Bedingungen abzuholen;
- den entwicklungspsychologischen Erkenntnissen und Forschungsergebnissen, die eine Bedeutung für die Elementarpädagogik in Theorie und Praxis haben und deutliche Hinweise zur Gestaltung der Elementarpädagogik geben;
- den überaus bedeutsamen Erkenntnissen aus den Forschungszweigen der Neurobiologie sowie der aktuellen Bildungs- und Bindungsforschung.

2.2 Kinder- und Jugendhilfegesetz (KJHG)/ Deutscher Bildungsrat

Im achten Buch des KJHG, dem Sozialgesetzbuch, sind in § 22 unter der Überschrift „Grundsätze der Förderung von Kindern in Tageseinrichtungen" folgende Aussagen zu finden:

> *„In Kindergärten, Horten und anderen Einrichtungen, in denen sich Kinder für einen Teil des Tages oder ganztags aufhalten (Tageseinrichtungen), soll die Entwicklung des Kindes zu einer eigenverantwortlichen und gemeinschaftsfähigen Persönlichkeit gefördert werden. (2) Die Aufgabe umfasst die Betreuung, Bildung und Erziehung des Kindes. Das Leistungsangebot soll sich pädagogisch und organisatorisch an den Bedürfnissen der Kinder und ihrer Familien orientieren. (3) Bei der Wahrnehmung ihrer Aufgaben sollen die in den Einrichtungen tätigen Fachkräfte und anderen Mitarbeiter mit den Erziehungsberechtigten zum Wohl der Kinder zusammenarbeiten. Die Erziehungsberechtigten sind an den Entscheidungen in wesentlichen Angelegenheiten der Tageseinrichtung zu beteiligen."*

Auch der Deutsche Bildungsrat spricht in seinen Empfehlungen (1970/1973) von einem eigenen Betreuungs-, Bildungs- und Erziehungsauftrag und der Aufgabe, Kinder pädagogisch zu fördern! Halten wir zunächst einmal fest: Es war also schon vor über 40 Jahren die Aufgabe von Kindertagesstätten,

a) die **Persönlichkeitsentwicklung von Kindern** zu fördern im Hinblick auf Eigenverantwortlichkeit, Selbstständigkeit und Gemeinschaftsfähigkeit!

b) die Bereiche Betreuung, Bildung und Erziehung zur **Kernaufgabe** von Kindertagesstätten zu machen!

c) die Pädagogik und Organisation auf die Bedürfnisse der Kinder und ihrer Familien auszurichten (wohlgemerkt der Bedürfnisse, nicht der Wünsche)!

d) die pädagogische Förderung von Kindern zum Ausgangspunkt der Pädagogik zu erklären (also nicht persönliche Vorlieben oder Interessen von Erwachsenen)!

Der Situationsorientierte Ansatz hat schon Ende der Achtzigerjahre in vielfältigen Veröffentlichungen versucht, die **Kernbereiche Betreuung, Bildung und Erziehung** zu definieren und klar auf den Punkt zu bringen. Doch zuvor noch eine kleine Anmerkung: Wenn sowohl im KJHG und auch vom Deutschen Bildungsrat von einem **eigenständigen bzw. eigenen Betreuungs-, Bildungs- und Erziehungsauftrag** die Rede ist, erscheint es stets in Theorie und Praxis notwendig und konsequent zu sein, diese Eigenständigkeit auch zu betonen. So hat(te) die Kindertagesstätte nie(!) die Aufgabe einer direkten „Zuarbeitungsfunktion" für Grundschulen oder andere Bildungs-/Betreuungs-/Erziehungsinstitutionen! **Eigenständigkeit zeichnet sich durch eigene Schwerpunkte, eigene Zielsetzungen, eigene Methoden, eigene Forschung, eigene Qualitäts- und Arbeitsbereiche aus!** Insofern spricht beispielsweise der Situationsorientierte Ansatz **nie von einer Vorschulpädagogik** oder von Vorschulkindern, weil allein schon durch den Wortgebrauch Vorschule die Eigenständigkeit verbal aufgegeben würde. Kinder in Kindergärten sind vom ersten bis zum letzten Besuchstag Kindergartenkinder, und die Pädagogik in diesem Entwicklungszeitraum der Kinder heißt Elementarpädagogik!

Nun zurück zu den drei Kernbereichen. Ausgehend von den Kernaussagen des Berufsbildes der Erzieher/-innen, der UN-Charta Rechte des Kindes, den biografischen, soziokulturellen und entwicklungspsychologischen Erkenntnissen, was Kinder in ihren ersten Lebensjahren brauchen, ist der **Betreuungsauftrag** im Situationsorientierten Ansatz wie folgt definiert:

> *„Der Betreuungsauftrag von Kindertagesstätten besteht darin, dass Erwachsene Kindern gegenüber treu sind! Dies geschieht vor allem durch den Auf- und Ausbau fester, vertrauensvoller Beziehungen zu Kindern und durch eine wertschätzende, respektvolle und achtsame Pflege der Beziehungen mit Kindern. Durch die Respektierung und Realisierung des Betreuungsauftrages sind Kinder in der Lage, eine emotionale Sicherheit (einen Bindungswunsch zum Erwachsenen) aufzubauen (als Grundlage für die Entstehung von ‚Selbstbildungsprozesse') und somit an ihrer gesamten Entwicklung aktiv beteiligt sein zu können."*

Sicher ist es hilfreich, an dieser Stelle ein paar ergänzende Erläuterungen zu dieser Definition zu geben. Ausgangspunkt für die Definition ist das Wort „treu" - eingebunden in dem Begriff „Be-**treu**-ungsauftrag". So bietet der vorliegende Auftrag seinen eigenen, originären Aussagewert, abgeleitet aus dem Hinweis, den anvertrauten Kindern gegenüber Treue unter Beweis zu stellen. Was heißt nun, „Kindern treu zu sein"? Hiermit ist ein ganzes Bündel von Verhaltensmerkmalen gemeint: Treue zeigt sich darin,

- für Kinder da zu sein, wenn sie Erwachsene brauchen;
- gemeinsam mit Kindern Situationen zu durchstehen, in denen sie Hilfe und Beistand brauchen sowie Entwicklungsunterstützung nötig haben;
- Kinder nicht allein zu lassen in Situationen, in denen sie sich einsam fühlen;
- abgegebene Versprechen zu halten;
- mit Kindern eine Freundschaft einzugehen, sodass sie den Eindruck erleben, in Erzieher/-innen Fürsprecher für sie als Person und Bündnispartner/-innen zu finden;
- dass Kinder die Erzieher/-innen als zuverlässige Ansprechpartner erfahren, die stets da sind, wenn Kinder Hilfe benötigen;
- dass Kinder in den Erzieher/-innen Personen sehen, die voll und ganz auf ihrer Seite sind;
- dass sich die Erwachsenen als aktive Spiel-, Kommunikations- und Interaktionspartner verstehen, die eine alltagsorientierte und lernaktive Pädagogik – Tag für Tag – in partnerschaftlicher Kooperation mit den Kindern gestalten;

○ und dass die gesamte Erlebnisatmosphäre sowie das alltägliche Kommunikation- und Interaktionsgeschehen unter dem Aspekt einer **„Fehlerfreundlichkeit"** steht, bei der Konflikte und Missgeschehen als Übungsfelder verstanden werden, in denen es primär um Lösungen und nicht um Vorhaltungen/Anschuldigungen geht. Im Situationsorientierten Ansatz werden die Stärken von Kindern gesucht/gesehen, und es wird nicht versucht, gegen die Schwächen der Kinder anzukämpfen.

Diese Treue kann nur dort erlebt werden, wo feste, gute und konstruktive Beziehungen zwischen den Kindern und den Erzieher/-innen gepflegt werden – in festen, überschaubaren Gruppen und mit Erzieher/-innen besetzt, die eine gute Umgangskultur mit sich und den Kindern Tag für Tag pflegen. Vielleicht wird schon an dieser Stelle deutlich, dass der Situationsorientierte Ansatz eine **Haltung** erfordert, die sich in ganz spezifischen Werthaltungen zeigen! Kinder sollen/müssen/werden in Tagesstätten, in denen der Situationsorientierte Ansatz zur Arbeitsgrundlage erklärt wurde, vor allem Sicherheiten erleben, um eine Entwicklung ihrer Fähigkeiten konstruktiv aufgreifen zu können. Kinder werden immer wieder in ihren Versuchen unterstützt, persönliche Entwicklungswagnisse einzugehen, statt in ihrem Forscherdrang gebremst zu werden. Sie werden motiviert, unbekannte Wege zu gehen, statt „vorgekaute Einbahnstraßen zu befahren". Damit sorgen Erzieher/-innen – gerade durch den Betreuungsauftrag – für eine sicherheitsbildende Entwicklungsatmosphäre, die Kinder darin unterstützt, **Entwicklungsschritte zu wagen und zu stabilisieren.**

Auch ohne die Erkenntnisse und Aussagen der PISA-Studien und weiterer vergleichbarer Untersuchungen, die in der Elementar- und Schulpädagogik für allerhand Aufregungen und Irritationen gesorgt haben, wurde schon Ende der Achtzigerjahre der **Bildungsauftrag** im Situationsorientierten Ansatz definiert. So heißt es dort:

> *„Der Bildungsauftrag des Kindergartens besteht in einer ganzheitlichen Unterstützung bzw. aktiven Begleitung der Handlungs-, Bildungs-, Leistungs- und Lernfähigkeit von Kindern unter besonderer Berücksichtigung kultureller Werte (und religiöser Erfahrungen). Dieser Bildungsauftrag ist nur einzulösen bei bewusster Ablehnung eines schulvorgezogenen Arbeitens/Lernens und bei oberster Wertschätzung des Spiels und alltagsorientierten Lernmöglichkeiten im Sinne eines ‚concomitant learnings'."*

In dieser Definition ist zunächst von einer „ganzheitlichen Unterstützung" der bei den Kindern vorhandenen Basalfähigkeiten die Rede. Dabei kann und muss ein ganzheitliches Lernen nur so verstanden werden, dass alle (!) an einem Lernvorgang beteiligten Entwicklungsschwerpunkte gleichsam, gleichzeitig auch aktiviert werden. **Bildung geschieht über die Sinne des Spürens, Sehens, Hörens, Schmeckens, Riechens, über die aktive Handlung und das tatsächliche Erleben.** Statt über andere Menschen zu sprechen, wird mit den Kindern das Gespräch mit anderen Menschen gesucht und gepflegt. Statt über Müllprobleme vor Ort (im Kindergarten/in der Welt) zu sprechen, wird mit Kindern gemeinsam eine Mülldeponie aufgesucht, eine Müllverbrennungsanlage erkundet, Müll gesammelt und gemeinsam entsorgt sowie darüber philosophiert, warum ein bewusster Umgang mit Müll einen so hohen Stellenwert besitzt. Statt beispielsweise über Bilderbücher fremde Kulturen/andere Essgewohnheiten/fremde Speisen zu sprechen, werden interkulturelle Feste veranstaltet, andere Essgewohnheiten ausprobiert und fremde Speisen gekocht und gegessen. Statt über Ängste, die alle Menschen haben, zu diskutieren, werden angstauslösende Situationen gesucht/hergestellt, um sich dann den Ängsten zu stellen und gemeinsam entsprechende Angstsituationen herzustellen, aufzusuchen und zu überwinden. **Ganzheitliches Lernen geschieht im Situationsorientierten Ansatz als ein Erfahrungslernen in realen Sinnzusammenhängen (Kontexten)**, sodass auch hier der Entwicklungspsychologie Rechnung getragen wird, indem alles Lernen erst über das HANDELN (und dann ein gleichzeitiges bzw. anschließendes Reflektieren der wahrgenommenen Ereignisse) geschieht. Dabei wird versucht, die Breite der **neun Entwicklungsbereiche** anzusprechen und in der Tätigkeit selbst **und möglichst vollzählig(!)** zu integrieren **(Entwicklungsbereiche: Emotionen, Denken, Intelligenz, Soziabilität, Fantasie, Kreativität, Sprache/Sprechen, Motorik, Interessen).** Die Wahl des Begriffs „Unterstützung" ist nicht zufällig! Vielmehr geht der Situationsorientierte Ansatz auch im Bereich des Bildungsauftrags nicht von einer „gelenkten Erziehung" aus, sondern von dem Grundlagenverständnis, dass nur dort ein Bildungsprozess geschehen kann/wird, wo sich Kinder angesprochen und intrinsisch (= von innen heraus) motiviert fühlen, dabei zu sein und aktiv mitzuwirken. Deswegen folgt in der Aufzählung der vier Fähigkeitsbereiche (Aufbau einer Handlungs-, Gefühls-, Soziabilitäts- und Kognititionskompetenz) zunächst das Wort „Handlungsfähigkeit". Mit ihr ist die Kompetenz bei Kindern gemeint, dass sie Situationen, die sie sich selbst vornehmen oder die in der Gruppe zu tun sind, auch umsetzen können und Situationen, die es zu meistern gilt, auch aktiv in Angriff nehmen. **Handlungsfähigkeit** meint damit keinen theoretischen Handlungsversuch, keine isolierte Übungssituation, sondern immer eine **selbstaktive, praktische Tätigkeit,** die für Kinder einen alltagsorientierten Bedeutungswert besitzt. Bei dem Begriff der **Bildungsfähigkeit** orientiert sich der Situationsorientierte Ansatz ganz eng an der Definition des Bibliographischen Instituts, das beispielsweise auch für den Duden zuständig ist. In seiner 4. Auflage ist zu lesen: „**Bildung** ist die bewusste Entwicklung der natürlichen Anlagen des Menschen mit Hilfe der Erziehung und eigenes Streben zur innerlichen Erfassung der religiösen, sittlichen, künstlerischen und wissenschaftlichen Werte. Bildung ist auch eine Bezeichnung für den Grad der sittlichen Reife und des Wissensstandes im Anschluss einer Bildungsarbeit."

Überträgt man nun diesen Bildungsbegriff auf den Bildungsauftrag und die Aufgabe einer Unterstützung der Bildungsfähigkeit, geht es im Situationsorientierten Ansatz um Anstrengungen der Erwachsenen, die vorhandenen Verhaltensdispositionen/(-bereitschaften) der Kinder aufzugreifen und anzusprechen, damit diese in die Lage versetzt werden, innere(!) Werte und Bedeutungsgehalte der Lebensbereiche Kunst, Wissenschaft, Religion und Ethik/Ästhetik zu spüren, als wertvoll zu erleben und zu internalisieren. Damit wendet sich der Situationsorientierte Ansatz gegen jedwede Form einer rein faktisch orientierten Wissensvermittlung im Sinne einer Anhäufung von funktionsorientierten Erkenntnismengen. Bildungsfähig zu sein hieße im Situationsorientierten Ansatz vor allem: **Sinnzusammenhänge zwischen unterschiedlichen Faktoren/ Situationen herzustellen – zwischen sich und dem (un)mittelbaren Weltgeschehen** (etwa Naturschutz und Eigenverantwortung/Freundschaft und Treue/Zufriedenheit und Dankbarkeit/glücklich sein und eigenem sozialen Verhalten/Erkenntnisbesitz und verantwortliche Nutzung/Kunst und Selbstverwirklichung/Angsterleben und Angstüberwindung in Alltagssituationen ...).

Bildung ist damit kein abgehobener Begriff und kein Faktor einer besonders hohen Intelligenz(!) – vielmehr der Grad einer **Persönlichkeitsreifung** und der Vernetzung von Können und Wissen, Verinnerlichung und gelebten/gezeigten Verhaltensweisen. Bildung geschieht daher im Alltag und in Situationen, die sich vor aller Augen abspielen, in dem **Be-greifen** einer Freundschaft, dem **Er-leben** einer Kraft, die durch künstlerische Werkarbeiten freigesetzt werden kann oder im **Be-staunen** von Möglichkeiten, Unmögliches zu erreichen.

Leistungsfähigkeit ist ein Aktivitätsvermögen, das Kinder in sich tragen, um mit Ruhe und Zeit, Belastbarkeit und Ausdauer bestimmte Ziele zu erreichen bzw. bestimmte Aufgaben zu erfüllen. Häufig tragen aber besondere Lebenssituationen, in denen Kinder aufwachsen, dazu bei, dass diese

Leistungsfähigkeit unterdrückt, kaum aufgebaut oder durch überhöhte Anforderungen ebenso wie durch Unterforderungen vernichtet wird. Da aber gerade solche Verhaltensmerkmale wie Ausdauer und Konzentration, Belastbarkeit und Wagnisse eingehen, Zutrauen und Perspektiven besitzen u. a. die **Grundlage für Bildungsprozesse** bilden, versucht der Situationsorientierte Ansatz, dem Auf- und Ausbau auch dieser Fähigkeit eine hohe Bedeutung beizumessen. Und schließlich geht es in der Definition um die Unterstützung der Lernfähigkeit. Hier wird dafür Sorge getragen, dass vor allem die Merkmale **Neugierde, Interesse, Motivation zur Auseinandersetzung mit bekannten und unbekannten Dingen sowie Begeisterungsfähigkeit** aktiviert werden – als Grundlage für jede Form eines bedeutsamen Lernens. Der Kindergarten ist damit **kein Ort, an dem Kinder einen „Nürnberger Trichter"** aufgesetzt bekommen und vor allem Wissen ansammeln müssen. Vielmehr geht es stattdessen um den sorgfältigen Auf- und Ausbau bildungsrelevanter Voraussetzungen, die dem Kind in der Gegenwart und Zukunft helfen werden, ein Lernen mit Freude zu besetzen und Neugierde, einem Wissenwollen und einer Begierde nach Erkenntnisgewinnen auszudrücken. Und wenn es in der Definition schließlich heißt, dass sich alles Lernen im Kindergarten unter Berücksichtigung kultureller Werte und ggf. religiöser Erfahrungen (je nach ihrer Situationsbedeutung vor Ort) vollzieht, wird damit zum Ausdruck gebracht, dass die Themen bzw. Projekte des Alltags keine isolierten, aus der Alltagswelt der Kinder herausgelösten Situationen, sondern vielmehr **natürliche Teile der Erfahrungswelten** sind/sein müssen. Lernvorgänge vollziehen sich täglich in Bereichen, in denen

- Handwerk, Technik, Natur, Kunst, Theater und Religion ebenso zum Tragen kommen wie

- das Erleben von Esskultur, einer gepflegten Sprach- und Sprechkultur, einer konstruktiven Konfliktkultur, einer werteorientierten Kommunikationskultur und einer ausgiebig erlebten Spielkultur.

a) **Handwerk statt „basteln":** In der situationsorientierten Pädagogik bestimmen beispielsweise nicht schnell dahin gebastelte „Musikmachschüttelbecher" die Welt des Musikinstrumentenbaus, sondern das Werken von Musikinstrumenten, die eine lange Zeit halten, die tatsächlich einer Musikkultur gerecht werden und von einem wesentlich höheren ästhetischen Wert geprägt sind als leere Joghurtbecher, die mit Erbsen oder Steinchen gefüllt sind und mit Plastikfolie abgedeckt werden. So gehört zu jeder situationsorientiert arbeitenden Kindertageseinrichtung ein Werkraum mit einer Werkbank und entsprechendem Werkzeug, um dem „Handwerk im Alltag" gerecht werden zu können, sowie ein Fundus an Blas-, Schlag-, Zupf-, Streichinstrumenten.

b) **Berücksichtigung von Technik statt Ausgrenzung der Technik:** Dort, wo technische Medien sinnvoll sind und genutzt werden können, wird auch dafür gesorgt, dass diese zum Einsatz kommen. So werden nicht nur Bilderbücher betrachtet, sondern auch Druckereien aufgesucht, Drucktechniken kennen gelernt und eigene Bücher mit Kindern herstellt. Kinder werden nicht vor „echter Technik" geschützt oder davon ferngehalten, sondern es wird Kindern die Möglichkeit gegeben, technische Altgeräte in der Alltagspädagogik in Spielhandlungen einzubauen, diese ggf. auseinanderzunehmen, neue Geräte zu erfinden ...

c) **Erleben der Natur statt Naturimitation:** Hier wird nicht das Wachstum von Kresse in Plastikbechern, die mit Watte gefüllt sind, künstlich initiiert und beobachtet, sondern der Wachstumsvorgang von (Nutz-) Pflanzen, etwa in einem selbst gebauten Gewächshaus oder im selbst angelegten Garten – in natürlicher Erde(!) – staunend betrachtet und schließlich selbst geerntet und zielgerichtet verarbeitet. Weiterhin gibt es keine einzelnen, sogenannten funktionalisierten „Waldtage mit Belehrungscharakter", sondern Spiel- und Erkundungsaktionen in der freien Natur im gesamten Kindergartenjahr. Hier wird nicht über das Gießen der Grünpflanzen im Kindergarten gesprochen und die Notwendigkeit des Wässerns herausgestellt, sondern alle kümmern sich auch um junge, neu angepflanzte Bäume auf dem Kindergartengelände/die Sträucher vor dem Kindergarten/auf dem Bolzplatz/im nahegelegenen Park, die auch im Hochsommer Wasser brauchen, wenn Regenfälle ausbleiben.

d) **Kunst statt Schablonen:** Kunst wird häufig von Erwachsenen als eine vergangenheitsorientierte Stilrichtung eingeordnet und gepflegt. Im Situationsorientierten Ansatz hingegen wird mit Kindern immer wieder Kunst erlebt: Es werden Künstlerwerkstätten aufgesucht, eigene Kinderateliers aufgebaut, Kinder-Kunst-Ausstellungen initiiert, Kunstrichtungen (aus der Vergangenheit und Gegenwart) kennengelernt und vielleicht sogar ganz neu erfunden sowie Kunst im Alltag des Lebens und der Räume (innen und außen) integriert! Vor allem gilt es aber auch – und dies immer wieder –, Kindern vielfältige Ausdrucksformen/Kunsterlebnisse zu ermöglichen und nicht die reichhaltige Fantasie der Kinder durch irgendwelche Schablonenarbeit zu ersticken. Wie heißt es doch so treffend in einer alten Ausgabe des Brockhaus-Lexikons: „Unter Schablonenarbeit ist eine sinnentleerte, stupide und Intelligenz mindernde Tätigkeit zu verstehen, bei der vorgegebene Formen auf vorbereitete Materialien einfach übertragen und damit ohne eigene Ideen kopiert werden." Schablonen gehören damit endgültig auf den Müll!

e) **Theater statt Laienspiel:** Hier wird das Theater nicht nur als eine Darstellungsstätte angesehen, in der beispielsweise ein Weihnachtsmärchen aufgeführt oder besucht wird, sondern das Theaterspiel, die Theaterdarstellung/-improvisation wird als eine lebendige Wirkstätte begriffen, in der selbstaktiv und wenn möglich auch mit Theaterleuten gemeinsam Theater gemacht/erlebt wird, wo Stücke gemeinsam entworfen und dargestellt werden, wo Requisiten gemeinsam erstellt und Kulissen entwickelt/aufgebaut werden, um dann ggf. auch das Theaterstück in der Öffentlichkeit aufzuführen. WICHTIG: Das Thema bzw. der Schwerpunkt des Theaterstücks muss dabei aber auch immer in Beziehung zur Lebensbiografie der Kinder stehen bzw. mit ihren Lebensthemen einen Zusammenhang bilden.

f) **Religiöse Erfahrungen** sind aus dem Grunde dem Bildungsauftrag zugeordnet, weil sie den Lebensbereich „Einstellungen und Werthaltungen" beinhalten. Dabei ist allerdings weniger an eine sogenannte religiöse Unterweisung der Kinder im Sinne eines funktionsorientierten Ansatzes gedacht als vielmehr an **ein lebendiges Erfahren religiöser Werte** und glaubensbedeutsamer Einstellungen, wie sie im Neuen Testament durch das Leben und Wirken von Gottes Sohn Jesus offenbart wurden. Dasselbe gilt ebenfalls für andere Glaubensrichtungen, in denen religiöse Feste und Rituale aufgegriffen und berücksichtigt werden! Sie alle entsprechen einer **gelebten religiösen Umgangskultur,** die letztlich ein soziales Geschehen menschlich macht. Erinnert sei in diesem Zusammenhang an **praktisch gezeigte Verhaltensweisen** wie Dankbarkeit, Vergebung, Annahme, Akzeptanz, Liebe, Vorurteilsfreiheit, Gerechtigkeit und Vertrauen.

Und letztlich legt der Situationsorientierte Ansatz in der Umsetzung des Bildungsauftrags einen besonderen Wert auf den Auf-/Ausbau und die alltägliche Pflege kulturell bedeutsamer Teilbereiche in den Feldern **Esskultur, Sprach- und Sprechkultur, Konfliktkultur, Kommunikationskultur und Spielkultur in Räumen, die eine Wohnkultur** besitzen (eine inhaltliche Ausführung dieser Kulturbereiche würde den Rahmen des Buches sprengen. So sei an dieser Stelle auf das Buch von mir: Werteentwicklung in der frühkindlichen Bildung und Erziehung, Cornelsen Verlag, Berlin 2007 verwiesen).

Neben den beiden gesetzlich verankerten Aufträgen gibt es als dritten Auftrag den eigenständigen **Erziehungsauftrag.** Er ist im Situationsorientierten Ansatz wie folgt definiert:

Der Erziehungsauftrag des Kindergartens besteht darin, Kindern aufgrund ihrer zunehmend als zerrissen erlebten Welten, eingegrenzten Lebensräume und zerteilten Zeiten vielfältige Möglichkeiten und aktive Unterstützung zu geben, gegenwärtig aktuelle und unverarbeitete Erlebnisse, Erfahrungen und Eindrücke zu verarbeiten. Dadurch werden Kinder in die Lage versetzt, ihr eigenes Leben und das ihres Umfeldes gefühlsmäßig zu begreifen und besser zu verstehen, ihre Identität weiter aufzubauen und weiter zu entwickeln, um gegenwärtige und künftige Lebenssituationen kompetent und in Verantwortung vor sich, anderen Menschen sowie ihrem Umfeld gegenüber aktiv und selbstständig zu bewältigen.

Mit dieser Beschreibung ist der zentrale Punkt und das gesamte Grundverständnis des Situationsorientierten Ansatzes kurz und knapp charakterisiert. Geht es beispielsweise in anderen pädagogischen Ansätzen in erster Linie um eine direkte Vorbereitung der Kinder auf ihre Zukunft, was sich in den hundertfach formulierten und üblichen Zielsetzungen niederschlägt (Kinder „sollen feste Freundschaften aufbauen, ihre Zeit sinnvoll nutzen, auf die Schule vorbereitet werden, Rücksicht auf andere nehmen, weitsichtig handeln, eigene Bedürfnisse zurückstellen können etc. ...), **vertritt der Situationsorientierte Ansatz einen völlig anderen Standpunkt auf der Grundlage eines anderen pädagogischen Selbstverständnisses:** Ausgangspunkt dabei ist die Erkenntnis, dass Kinder einerseits in unendlich vielen Verpflichtungen stecken und damit immer wieder aufs Neue für sie gesetzte Erwartungen erfüllen müssen, dabei immer weniger Raum und Zeit für selbstbestimmtes Lernen haben, in Spielsituationen immer stärker gestört und in Spielhandlungen unterbrochen werden, pädagogisch/therapeutische Arrangements wahrnehmen müssen und vielfältigen Reizeindrücken ausgesetzt sind. Durch diese Lebenswelt haben Kinder immer weniger (= quantitative Dimension) und immer weniger intensiv (= qualitative Dimension) die Möglichkeit:

- sich mit sich selbst zu beschäftigen, sich als Individuum kennen- und schätzen zu lernen,
- seelisch bedeutsame, für die Entwicklung eines Menschen notwendige Befriedigung von seelischen Grundbedürfnissen wie beispielsweise „Zeit zu erleben", „Erfahrungsräume in Ruhe zu erkunden", „Gefühle zu erleben, zu erfassen und zu reflektieren", „Sicherheiten aufzubauen" etc. zu erfahren,
- wichtige Grundfähigkeiten für eine möglichst selbstbestimmte (autonome), weitestgehend selbstständige und sozial verantwortliche Lebensgestaltung (wie beispielsweise Wahrnehmungsoffenheit, Lerninteresse, Leistungsbereitschaft, Lernmotivation, Lebensfreude, Durchhaltevermögen, Belastbarkeit ...) aufzubauen,

◌ ein Selbstwertgefühl zu entwickeln, sodass beispielsweise eine Disposition (= Bereitschaft) für Gewalt oder egozentristisch geprägte Aggression überflüssig wird.

Der Situationsorientierte Ansatz sieht es daher als eine zentrale Aufgabe im Erziehungsauftrag an, Kindern dabei zu helfen, diese vier genannten Aspekte zu erleben und intrinsisch motiviert aufzubauen/zu festigen.

Sein Ziel – vertreten im Erziehungsauftrag – ist es daher, den Kindern dabei zu helfen, in der Vergangenheit liegende Eindrücke, Erfahrungen und Erlebnisse noch einmal aufgreifen zu können, um Vergangenes zu bewältigen, Eindrücke zu ordnen und Erfahrungen durch Nacharbeit zu einer Klärung zu führen. Begründet wird dieses Verständnis durch entwicklungspsychologische Erkenntnisse, dass ein Mensch – ein Kind ebenso wie ein Jugendlicher oder ein Erwachsener – nur dann in der Lage ist, die Aktualität der Gegenwart auch als ein gegenwärtiges Ereignis zu sehen und zu verstehen, wenn er **weitestgehend frei von Irritationen oder Spannungen aus der Vergangenheit ist.** Dasselbe gilt für die Zukunft: Ein Mensch kann sich nur auf die Herausforderungen der Zukunft einlassen, diese wahrnehmungsoffen und interessiert als eine zu bewältigende Aufgabenstellung einzustufen, um sie aufgreifen zu wollen/zu können, wenn er ebenfalls weitestgehend von seiner Vergangenheit seelisch von Irritationen oder belastenden Konflikten befreit Kompetenzen zur Verfügung hat, die ihm eine autonome und selbstständige Zukunftsorientierung ermöglichen. Der bedeutsame Hintergrund bezieht sich dabei auf die neurobiologische Erkenntnis (vgl. Prof. Dr. Gerald Hüther/ Prof. Dr. Dr. Manfred Spitzer), dass sich gegenwärtige Erfahrungen stets mit abgespeicherten Erlebnis- und Erfahrungsbildern aus der Vergangenheit blitzschnell vernetzen und somit die Gegenwart ihren Gestaltungswert aus der emotional-sozialen Handlungswelt ableitet! Noch deutlicher gesagt: Die Gegenwart ist eine Fortsetzungswiederholung abgespeicherter vergangener Bilder. Würde man dieses Grundlagenverständnis mit einem symbolhaften Bild vergleichen, kann Folgendes gesagt werden: Es kommt nicht darauf an, dass Kinder noch mehr an neuen, vielfältigen Eindrücken in ihren „kognitionsorientierten und mehr oder weniger emotional-sozial irritierten Rucksack" aufnehmen, der eine erneute Last bedeuten würde, sondern stattdessen die Möglichkeit erhalten, ihren „Seelen-Rucksack" zu öffnen und sich von Irritationen/Erfahrungen/Erlebnissen/Eindrücken durch neue Erfahrungen befreien, um sich seelisch von irritierenden Spannungen zu entlasten! Der Erziehungsauftrag gibt damit die Arbeitsrichtung vor, keine Angebotspädagogik in seinen vielfältigen Facetten zu machen, sondern Möglichkeiten der **Verarbeitungshilfe** zu initiieren und zu realisieren, ausgerichtet auf die BEDÜRFNISSE und INTERESSEN der Kinder. **Fertigkeiten,** die für eine

Zukunftsgestaltung notwendig und hilfreich sind, können sich nur durch eine Existenz bestimmter **Fähigkeiten** entwickeln, die wiederum in situationsorientiert arbeitenden Kindergärten – auch durch die intensive Zusammenarbeit mit den Eltern/Erziehungsberechtigten – auf- und auszubauen sind.

2.3 Das Berufsbild der elementarpädagogischen Fachkräfte

So unterschiedlich die Berufsmotivation der frühpädagogischen Fachkräfte auch sein mag, gerade diesen Beruf zu ergreifen und so unterschiedlich auch die persönlichen Neigungen bzw. fachlichen Schwerpunkte aussehen mögen, die Erzieher/-innen an den Tag legen, so notwendig erscheint es für den Situationsorientierten Ansatz, sich auf **ein ganz bestimmtes Berufsbild** mit den damit verbundenen Merkmalen festzulegen. Im Jahre 1985 hat der Bundesverband Evangelischer Erzieherinnen und Sozialpädagoginnen e.V. (mit damaligem Sitz in Lübeck) ein Berufsbild verabschiedet, das aus situationsorientierter Sicht wegweisend und bahnbrechend zu bisherigen Berufsbildformulierungen war, ist und sicherlich selbst in der Zukunft sein wird. Den dort formulierten Eckwerten fühlten sich auch später andere Verbände der freien Wohlfahrtspflege ebenso verpflichtet wie kommunale Träger von Kindertageseinrichtungen, sodass sich dieses Berufsbild auf breiter Ebene durchgesetzt hat und große Anerkennung fand. So sollen an dieser Stelle die entscheidenden Sätze zitiert und kurz erläutert werden:

„Das pädagogische Handeln der Erzieher/-innen geschieht im Spannungsfeld vielfältiger, oft widersprüchlicher Erwartungen, die von Kindern, Eltern, Trägern und der Allgemeinheit an die Erzieher/-innen herangetragen werden. Erzieher/-innen verstehen sich in erster Linie als Partner/-innen des Kindes und Jugendlichen und Anwälte/Anwältinnen ihrer Interessen. Sie treten insbesondere für die Erhaltung und Verbesserung der Lebensbedingungen von Kindern und Jugendlichen aller Schichten, Nationen und Religionen ein. Von diesem Standpunkt aus müssen Erzieher/-innen ständig neu die Berechtigung der Ansprüche prüfen, die an sie gestellt werden. Erzieher/-innen treffen die Entscheidungen für ihr erzieherisches Handeln auf der Grundlage einer kritischen Auseinandersetzung sowohl mit den pädagogischen Traditionen als auch mit neuen wissenschaftlichen Erkenntnissen und bildungspolitischen Strömungen. Das pädagogische Handeln der Erzieher/-innen hat die Förderung der Gesamtpersönlichkeit des Kindes und Jugendlichen zum Ziel und geht damit über bloße Bewahrung oder Schulung einzelner Fähigkeiten und Fertigkeiten hinaus. Es (= das pädagogische Handeln) berücksichtigt Bedürfnisse der Kinder und Jugendlichen, ihre Lebenssituationen und die Entwicklungsaufgaben der jeweiligen Altersstufe. ..." (1985, S. 1)

Dieses Berufsbild, dem sich der Situationsorientierte Ansatz in allen Aussagen anschließt, gibt entsprechend das Selbstverständnis für den Umgang mit sich, Kindern und allen anderen Personen sowie die für den Situationsorientierten Ansatz notwendigen Handlungskompetenzen vor. In den folgenden Ausführungen sollen daher einige wenige Erläuterungen die Ansprüche verdeutlichen, die der Ansatz von den elementarpädagogischen Fachkräften verlangt:

- Erzieher/-innen zeichnen sich durch **ganz bestimmte Handlungskompetenzen** aus – dabei spielt weniger das pädagogisierte Reden als vielmehr das entwicklungsförderliche Tun eine bedeutsame Rolle.
- Die Handlungskompetenzen und Notwendigkeiten sind **pädagogisch – also auf das Kind – ausgerichtet** und damit nicht selbstorientiert oder auf eine persönliche Selbstverwirklichung bedacht.
- Die Elementarpädagogik befindet sich stets **in einem großen Spannungsfeld –** für schlaffe Typen oder Personen, die „eine ruhige Kugel schieben wollen", ist/wäre es eine nicht akzeptable Berufswahl.
- Erzieher/-innen sind mit oberster Priorität **Partner/-innen des Kindes** und damit nicht der Eltern, des Trägers oder der Öffentlichkeit.
- Erzieher/-innen verstehen sich als **Anwälte/Anwältinnen der Interessen von Kindern** und haben damit selbstbezogene, eigene Interessen, die häufig dogmatisch geprägt sind, nachrangig einzustufen und hinten anzustellen;
- Die Pädagogik hat sich nicht nur im Kindergarten selbst abzuspielen, sondern verlangt auch eine **Öffnung nach außen, ein Hinausgehen in die Lebensrealität,** um beispielsweise auch für eine Verbesserung der Lebensbedingungen von Kindern einzutreten – damit gibt der Kindergarten sein „Insel-Sein" auf.
- Die Berechtigung der vielfältigen **Ansprüche,** die von allen Seiten an Erzieher/-innen gestellt werden, ist kontinuierlich auf einem **fachlich orientierten** Hintergrund zu **hinterfragen,** um sich nicht in einer vorschnellen Erwartungserfüllung oder in einer unkritischen Übernahme aller möglichen Erwartungen völlig zu verlieren und damit letztlich in einer „Pädagogik" zu enden, die durch Widersprüche, Oberflächlichkeiten und den Verlust eines qualitätsorientierten Profils gekennzeichnet wäre.

- **Erzieher/-innen treffen die Entscheidungen** für das eigene pädagogische Handeln – und damit nicht die Eltern, der Träger, die Öffentlichkeit oder andere Erwartungsträger.
- Entscheidungen werden auf der Grundlage von **kritischen Auseinandersetzungen** vorgenommen – diese können nur im Kollegium und durch die Mitarbeit aller auf der Grundlage einer fachlich-sachlichen Auseinandersetzung mit Erwartungen und Themen getroffen werden.
- Entscheidungen werden nicht durch persönliche Vorlieben oder Abneigungen (= intrapersonell) oder beziehungsorientierte Gespräche herbei geführt sondern durch **inhaltliche Diskussionen**;
- Entscheidungen werden dadurch gefällt, dass die drei ausschlaggebenden Grundlagen miteinander in Beziehung gesetzt werden: Der Sinn (und ggf. Unsinn) **pädagogischer Traditionen, neue wissenschaftliche Erkenntnisse** aus dem Feld der Entwicklungspsychologie/-pädagogik und anderer für die Elementarpädagogik bedeutsamer Fachdisziplinen (genannt seien hier vor allem die Bildungs- und Bindungsforschung, die Neurobiologie und Ethnologie) sowie zeitaktuelle **Strömungen,** die stets „den Markt der Möglichkeiten" erweitern, bereichern oder auch ins Abstruse führen (können).
- Dazu gehören beispielsweise ein regelmäßiges Lesen von Fachbüchern und Fachzeitschriften, eine Beschäftigung mit wissenschaftlich geprägten Forschungsdaten und eine achtsame, kritische Auseinandersetzung mit immer neuen Vorschlägen zur „innovativen Gestaltung der Elementarpädagogik".
- Ziel der Elementarpädagogik ist es, Kinder in ihrer **gesamten Persönlichkeitsentwicklung** zu unterstützen und dabei auf funktionsorientierte Trainingsschulungen zu verzichten, weil sogenannte Teilleistungsschwächen in aller Regel nur Symptome (Folgeerscheinungen) von im Hintergrund stehender Ursachen sind, die es zu entdecken, zu verändern, zu schwächen und aufzuarbeiten gilt.
- Die pädagogische Arbeit ist **kindbedürfnis-, lebenssituations- und entwicklungsalterorientiert!**

Würde man nun aus diesen Erläuterungen einige wenige Kompetenzen der Erzieher/-innen aufzählen, kämen beispielsweise folgende **Qualitäten** zum Ausdruck: Erzieher/-innen zeichnen sich durch eine hohe Fachlichkeit, ein aktuelles Wissen, Engagement, Belastbarkeit, Zivilcourage, Klarheit,

Direktheit im Umgang mit anderen, Lebendigkeit, Wachheit, organisiertes und strukturiertes Verhalten, Zielorientierung, Vorurteilsfreiheit, Selbstkritik, reflektiertes Verhalten und Konzentration auf die wesentlichen Aufgaben aus.

2.4 Kindheiten heute – was Kinder brauchen

Der Situationsorientierte Ansatz richtet sich in seinem Grundlagenverständnis und seiner praktischen Arbeit auf Ergebnisse der **Kindheitsforschung** aus, weil es für ihn weder darum geht, idealisierte Bilder der Vergangenheit hochzuhalten, noch düsteren Visionen der Zukunft zu applaudieren. Tatsache ist, dass alle Daten und Fakten der zurückliegenden und gegenwärtigen Kindheitsforschung auf Zahlen und Gegebenheiten zum Leben von Kindern hinweisen, die zurzeit mehr als bedenklich sind. So leiden immer mehr Kinder unter Herzrasen und Schlafstörungen, Kopfschmerzen und Magenbeschwerden, sie haben feuchte Hände und trauen niemandem, kritisieren sehr schnell andere Personen, sind schnell ungeduldig und nervös, reizbar und unausgeglichen, fallen durch Konzentrationsschwierigkeiten und eingeschränkte Wahrnehmungsfertigkeiten auf, sie ziehen sich aus ihrem Umfeld zurück oder stellen sich selbstbezogen in den Mittelpunkt, sie lassen sich stark von medialen Eindrücken beeinflussen, zeigen immer früher ein konsumorientiertes Verhalten, besitzen immer weniger eine starke, feste emotionale Entwicklungsbasis, zeichnen sich durch eine stark eingeschränkte Spielfähigkeit aus, sind in ihren Möglichkeiten einer weiten Welterschließung sehr stark eingeschränkt, wachsen immer stärker in verplanten und pädagogisierten Zeiten/Räumen auf, erleben Leistungsanforderungen immer mehr als eine subjektive Drucksituation, stehen vermehrt unter einer Angst, nicht das zu bekommen, von dem sie glauben, dass es ihnen zusteht und/oder sehen in anderen Personen, die aus ihrer Sicht materiell bevorzugt sind, potenzielle Gegner.

Prof. Dr. Sigurd Hebenstreit spricht von „immer mehr Rationalität im Denken, Fühlen und Handeln" und fordert eine **Bewahrung von Kindlichkeit, verbunden mit der Anforderung, der Vertreibung von Kindlichkeit entgegenzusteuern**. Helga Zeiher bezeichnet die Kindheit als organisiert und isoliert und kommt zu dem Schluss, dass **Kindheit heute kein Kinderspiel mehr ist.** Susanne Gaschke spricht in der Wochenzeitung „Die Zeit" vom **„Ende der Kindheit"**, Prof. Dr. Klaus Hurrelmann schreibt, dass Kinder mit der Koordination ihrer Alltagsbelastung körperlich, seelisch und sozial überfordert sind, in einer Ausgabe der Zeitschrift „Psychologie heute" wird von **„Kindern im Dauer-Stress"** gesprochen, Dr. Theo Winkels überschrieb einen seiner stets vielbeachteten Artikel mit der Überschrift **„Kindheit im Wandel"** und Winfried Kösters kommt in einem anderen Beitrag in „Psychologie heute" zu dem Schluss, dass durch die starke Zunahme von Ängsten, Entwicklungsstörungen, Gewalt, Drogen- und Suchtprobleme, Schmerzen und anderen chronischen Gesundheitsstörungen immer mehr Kinder krank werden und viele Erwachsene darauf hilflos reagieren. Karl-Heinz Menzen konstatiert schließlich: Kinder sind immer häufiger Situationen ausgesetzt, in denen sie **Trennungserlebnisse, Auslieferungserlebnisse, Beziehungsnöte, Bedrohungsängste und Ohnmachtserlebnisse** ertragen müssen und damit in einer Welt aufwachsen, die für Kinder zu einer organisierten Heimatlosigkeit führt.

In Anerkennung all dieser Aussagen und in der Notwendigkeit, diese Realitäten in der praktischen Pädagogik zu berücksichtigen, versteht sich der Situationsorientierte Ansatz als eine Arbeitsweise, die den Kindergarten zu einem Ort werden lässt, der deutlich versucht, Kindern das zu vermitteln, was sie brauchen:

Respekt und Achtung
(Der Kindergarten als ein Ort der Wertschätzung),

Geheimnisse
(Der Kindergarten als ein Ort des Vertrauens und der Rückzugsmöglichkeiten),

Zeit
(Der Kindergarten als ein Ort ungeteilter und entschleunigter Zeiten),

Verständnis und Verlässlichkeit
(Der Kindergarten als ein Ort des Verstandenwerdens, der Akzeptanz und Sicherheit),

Gewaltfreiheit
(Der Kindergarten als ein Ort angstfreier Entwicklung),

Bewegung und Ruhe
(Der Kindergarten als ein Ort der Lebendigkeit und der Entspannung),

Erfahrungsräume
(Der Kindergarten als ein Ort des Erlebens und alltagsorientierter Experimentiermöglichkeiten),

Mitsprache
(Der Kindergarten als ein Ort erfahrbarer Demokratie und Partizipation),

Optimismus und Sicherheit
(Der Kindergarten als ein Ort der Lebensfreude),

erfahrbare Zusammenhänge
(Der Kindergarten als ein Ort lebensnaher Wirklichkeiten),

Beschäftigung mit sich selbst
(Der Kindergarten als ein Ort persönlicher Selbsterfahrung und -entwicklung zum Aufbau einer eigenständigen Identität).

(Eine Ausführung dieser Merkmale befinden sich in dem Buch von mir: Was Kinder brauchen, Berlin, 7. Aufl. 2010.)

2.5 Die UN-Charta „Rechte des Kindes" – der Kindergarten als Ort der praktischen Umsetzung

Am 20. November 1989 wurde das Übereinkommen über die Rechte des Kindes von der Generalversammlung der Vereinten Nationen in New York verabschiedet und 1992 hat auch Deutschland diese UN-Konvention ratifiziert und damit unter anderem fest zugesichert, die Interessen von Kindern in allen wichtigen Entscheidungen zu berücksichtigen, Kinder als eigenständige Personen wertzuschätzen, sie vor jedweder Form der Misshandlung und Gewalteinwirkung zu schützen und ihnen ein grundsätzliches Mitspracherecht einzuräumen. Dabei gibt der Situationsorientierte Ansatz zunächst keine Verantwortung „an die große Politik" ab oder bezieht die Konvention hauptsächlich auf ferne „Entwicklungsländer"; **vielmehr überträgt er die Verpflichtung und Verantwortung direkt und unmittelbar auf die Pädagogik vor Ort –** ganz speziell und individuell für jeden Kindergarten, in dem sich die elementarpädagogischen Fachkräfte diesem Ansatz und seiner Umsetzung verpflichtet fühlen. So verlangt die UN-Konvention beispielsweise, dass

- jede Form der Diskriminierung eines Kindes verboten ist (Artikel 2),
- alle Maßnahmen, die ein Kind betreffen, zum Wohl des Kindes ausgerichtet sein müssen (Artikel 3),
- Kinder ein Recht auf ihre personale Identität haben (Artikel 8),
- jedes Kind das Recht hat, sich eine eigene Meinung zu bilden und

diese Meinung in allen das Kind berührenden Angelegenheiten frei äußern darf (Artikel 12),

- jedes Kind ein Recht auf seine Gedanken-, Gewissens- und Religionsfreiheit besitzt (Artikel 14),
- jedes Kind ein Recht darauf hat, sich frei mit anderen zusammenzuschließen und sich friedlich zu versammeln (Artikel 15),
- kein Kind willkürlichen oder rechtswidrigen Eingriffen in sein Privatleben oder seinen Schriftverkehr sowie rechtswidrigen Beeinträchtigungen seiner Ehre oder seines Rufes ausgesetzt werden darf (Artikel 16),
- jedes Kind vor jeder Form körperlicher oder geistiger Gewaltanwendung, Schadenszufügung oder Misshandlung, vor schlechter Behandlung oder Ausbeutung geschützt werden muss (Artikel 19),
- jedes Kind ein Recht auf Bildung hat (Artikel 28) und die Bildung des Kindes darauf gerichtet sein muss, die Persönlichkeit, die Begabung und die geistigen sowie körperlichen Fähigkeiten voll zur Entfaltung zu bringen sowie auf ein verantwortungsbewusstes Leben in freier Gemeinschaft im Geist der Verständigung, des Friedens und der Gleichberechtigung der Geschlechter vorzubereiten (Artikel 29),
- jedes Kind ein Recht auf Ruhe und Freizeit hat, auf Spiel und altersgemäße aktive Erholung sowie auf freie Teilnahme am kulturellen und künstlerischen Leben (Artikel 31),
- jedes Kind vor allen Formen sexueller Ausbeutung und sexuellen Missbrauchs zu schützen ist (Artikel 34),
- jedes Kind ein Recht auf Genesung (physisch und psychisch) hat (Artikel 39).
- Der Situationsorientierte Ansatz und die elementarpädagogischen Fachkräfte sind dazu aufgerufen, ihre eigenen Verhaltensweisen, pädagogischen Prinzipien, die Gestaltung der Tagesabläufe, die methodischen Arbeitsschwerpunkte und die räumlichen Bedingungen sowie die organisatorischen Strukturen der Einrichtung sorgsam zu durchleuchten – ebenso wie bestehende Regeln und normative Gegebenheiten(!) –, ob, wann, durch wen, wie vielleicht das eine oder andere kinderrecht vernachlässigt oder verletzt wurde/wird, um Veränderungen zu bewirken. **Es gehört zu einer wesentlichen Aufgabe eines situationsorientiert arbeitenden Kindergartens, die Mühe einer sorgsamen Reflexion auf sich zu nehmen.** Dabei

geht es vor allem auch um die „kleinen" Rechtsverletzungen und Praxisfragen, die vielleicht im ersten Augenblick gar nichts mit den oben genannten Kinderrechten zu tun haben.

So könnten beispielsweise folgende Fragen aufgeworfen und diskutiert werden:

- Wird den Kindern genügend Zeit zugestanden, in Ruhe eine Krankheit auszukurieren, oder werden kranke Kinder im Kindergarten „über den Tag mitgeschleppt"? (Artikel 39)
- Erhalten die Kinder tatsächlich genügend Ruhe und Freizeit im Kindergarten oder gibt es dort ein „Programm ohne Ende"? (Artikel 31)
- Bildet das Spiel einen zentralen Punkt in der pädagogischen Arbeit und werden wirklich alle Spielformen in ihrer Vielfalt intensiv mit Kindern aktiv erlebt? (Artikel 31)
- Unternimmt der Kindergarten genügend Versuche, gemeinsam mit Kindern Kultur und Kunst im Alltag – nicht als eine zeitbegrenzte „Spotpädagogik" zu einem festen Bestandteil der Pädagogik zu machen? (Artikel 31)
- Wird tatsächlich Bildung als eine Form der Persönlichkeitsbildung verstanden, so wie es im Amsterdamer Vertrag des Europarates verabschiedet und damit festgelegt wurde? Wie werden Begabungen der Kinder im Alltag durch eine Interessenbekundung aktiviert? Mit welchen Möglichkeiten wird versucht, die Fähigkeiten der Kinder zur freien Entfaltung zu bringen? Wie sieht eine volle Entfaltung von Fähigkeiten der einzelnen Kinder aus? Gibt es tatsächlich eine Gleichberechtigung zwischen Jungen und Mädchen? Lassen sich dennoch geschlechtsspezifische Diskriminierungen entdecken? ... (Artikel 29)
- Welche Bedingungen, welche Sprachformen, welche erzieherischen Verhaltensweisen müssen auf Kinder wie Gewaltanwendungen wirken und wie sind sie zu vermeiden? (Artikel 19)
- In welcher Form und durch wen bzw. durch was wird die Ehre oder der Ruf eines Kindes verletzt? Gibt es Etikettierungen für Kinder, sprachliche Abwertungen von bestimmten Kindern? Wie sieht das Privatleben (die Intimsphäre) der Kinder aus und wo/wie wird diese nicht akzeptiert? (Artikel 16)

- Können sich Kinder frei verabreden und treffen oder gibt es noch rechtsverletzende, von Erwachsenen aufgestellte „Regeln", dass beispielsweise nur eine begrenzte Anzahl von Kindern in bestimmten Ecken/Räumen spielen können? (Artikel 15)
- Werden alle Kinder ermuntert, sich frei zu äußern oder gibt es bei einer freien Äußerung mancher Kinder „einen Maulkorb"? (Artikel 12)
- Werden Kinder aktiv an Entscheidungen beteiligt und besteht von Seiten der Erwachsenen der tatsächliche Wunsch, dass Kinder sich zu allen wichtigen Angelegenheiten auch äußern? (Artikel 12)
- Gibt es pädagogische Maßnahmen, die sich gegen das Wohl von Kindern richten? Wie verhält es sich beispielsweise mit der manchen Kindern auferlegten Pflicht, „alles auf dem Teller aufzuessen", obgleich ein Kind subjektiv gesättigt ist? Gibt es noch eine feste, vorgeschriebene Schlafzeit für Kinder, in der auch Kinder ins Bett müssen, die gar nicht müde sind? (Artikel 3)
- Gibt es Formen und Methoden der Diskriminierung einzelner Kinder? Werden Kinder manches Mal bloß gestellt oder lächerlich gemacht? Ist nicht schon der ständige Vergleich von Kindern mit anderen Kindern ihrer Altersgruppe eine persönliche Diskriminierung? (Artikel 2)
- Diese und viele weitere Fragen gehören zur immer wiederkehrenden pädagogischen Konferenz, die in situationsorientiert arbeitenden Kindergärten stattfindet.

2.6 Basiserkenntnisse der Entwicklungspsychologie als Ausgangspunkte für Strukturen und Gestaltungsaspekte

Der Situationsorientierte Ansatz hat sich von Beginn seiner Entwicklung an sehr stark an Erkenntnisdaten und Forschungsergebnissen der vergangenen und aktuellen Entwicklungspsychologie und -pädagogik orientiert. Sei es die Frage gewesen, welche **grundsätzlichen Gesetzmäßigkeiten in der Entwicklung von Kindern** zum Tragen kommen, welche **Bedeutung die Befriedigung von seelischen Grundbedürfnissen** im Hinblick auf die Identitätsentwicklung von Kindern hat, welche seelischen

Grundbedürfnisse zum Aufbau welcher basalen Fähigkeiten verantwortlich sind, welche Fähigkeiten die Grundlage zum Ausbau welcher emotionalen, kognitiven, motorischen und sozialen Fertigkeiten bilden, wie variabel bzw. konstant Entwicklungen bei Kindern verlaufen können, welche Bedeutung die **Individualentwicklung als Voraussetzung für eine Sozialentwicklung** besitzt, warum die verfrühte (gemeint ist hier der Zeitraum vor dem zweiten Lebensjahr) Unterbringung von Kindern in Gruppen eher entwicklungshinderlich ist, worin der Zweck des Bindungsverhaltens besteht und wie er im Kindergarten gepflegt werden kann, welche Bedeutung Lebenspläne für die aktive Gestaltung eines autonom und selbstständig geführten Lebens besitzen, welche Vernetzungen es zwischen den einzelnen Entwicklungsbereichen von Kindern gibt, welche Symbolfunktionen Märchen für Kinder und ihre Entwicklung haben, welche Interaktionsniveaus zwischen Kindern und Erwachsenen für kindliche Entwicklungen förderlich und welche hinderlich sind, wie das Verhältnis von Spiel- zur Schulfähigkeit beschrieben und definiert ist, was ein Selbstwertgefühl ist und wie es bei Kindern aufgebaut werden kann, was die Resilienzforschung für die Elementarpädagogik bedeutet und warum das Konzept der Dr. Emmi Pikler (1902-1984) so bedeutsam für jüngere Kinder und im Situationsorientierten Ansatz ist. Diese und viele weiteren Fragen wurden im Laufe der letzten 20 Jahre immer wieder aufgegriffen und zu beantworten versucht, um eine Übertragung der Erkenntnisse auf die Praxis des Situationsorientierten Ansatzes vorzunehmen.

Die Ergebnisse einer Auswertung und Beurteilung der entwicklungspsychologischen Fakten führten beispielsweise dazu, dass der Situationsorientierte Ansatz zunächst versucht, **die 16 basalen Grundbedürfnisse der Kinder zu befriedigen:**

Zeit gewähren, damit sich Kinder selbst und ihr Umfeld wahrnehmen können; **Ruhe** fördern, um bei Kindern eine Wahrnehmungsdifferenzierung zu ermöglichen; **Liebe** zu geben, um Kindern dabei zu helfen, sich selbst annehmen zu können; **Vertrauen** zu leben, um Stolz und Personstärke bei Kindern aufzubauen; den Kindern das tiefe **Gefühl des verstanden Werdens** zu geben, damit sie intensiven Kontakt zu sich selbst aufnehmen können und sich der eigenen Person sowie ihrer Welt öffnen; **Sicherheit** zu vermitteln, damit Kinder in den Prozess einer Selbstentwicklung kommen können; **Bewegung** zu einem zentralen Aspekt im Alltag (und nicht als Angebot von „Bewegungsräumen" oder „Turn-/Sportzeiten" in begrenzten Zeiträumen) zu erklären, damit durch den damit verbundenen Stressabbau die Basisfähigkeit einer Selbststeuerung eintreten kann; **Intimität und Geheimnisse** den Kindern zugestehen, sodass sie ihr Differenzierungspotenzial zwischen ihrer öffentlichen und privaten Person entwickeln kann; eine **Mitsprache** ermöglichen und einfordern zum Aufbau eines Wertigkeitsempfindens; vielfältige **Erfahrungsräume** bereitstellen, um Kindern dabei zu helfen, ihre unterschiedlichen Lernpotenziale zu entdecken und zu nutzen; **Gefühle erleben** lassen, um ihre Existenz zu akzeptieren und intrapsychisch zu integrieren; kindliche **Sexualität** zu akzeptieren und diese auch im Rahmen der Möglichkeiten und der Verantwortung zuzulassen – ohne gleich moralisierend auf Kinder einzuwirken –, damit Kinder ihre Identität auch tatsächlich ganzheitlich erleben können; **Gewaltfreiheit** zur obersten Priorität zu erklären, damit sich Kinder angstfrei auf die unterschiedlichsten Situationen und Lernvorgänge einlassen können; **Neugierde** in allen Facetten zu unterstützen, um Lernmotivation auf- und kontinuierlich auszubauen; **Optimismus** zu leben, um Kindern die Basisfähigkeit eines grundsätzlichen Konstruktivismus zu vermitteln und **Respekt/Achtung** zum festen Kommunikationsverhalten zu erklären, damit Kinder ihre Individualität, ihre Einmaligkeit erleben können – als Grundlage für den Aufbau eines Selbstwertgefühls.

So geht der Situationsorientierte Ansatz konsequent den Weg, Kindern zunächst dabei behilflich zu sein, ihre **personale Ich-Kompetenz** zu entwickeln, um daraus eine schrittweise Sachkompetenz aufzubauen. Beide Kompetenzfelder stellen nun die **Grundlage für die Entwicklung einer Sozialkompetenz** dar. Insoweit ist es beispielsweise erschreckend, beobachten zu müssen, wie solche Grundlagen teilweise nicht beachtet, teilweise sogar negiert werden. Der Situationsorientierte Ansatz macht entwicklungspsychologische Fakten zum Ausgangspunkt der Arbeit. Hier haben Dogmen, politisch geprägte Forderungen, trägerspezifische Erwartungen oder sozialpolitische Strömungen keine Chance, Beachtung zu finden. Dasselbe gilt für „gefühlte Wahrheiten" – **Professionalität und Qualität verlangen nach inhaltlichen Grundaussagen** und nicht nach emotionalen Glaubensäußerungen. Vor allem aber – und das ist für die praktische Arbeit im Situationsorientierten Ansatz und seinen Projekten ausschlaggebend – **leiten sich die Schwerpunkte der Projekte aus dem Symbolismus (= dem Bedeutungsgehalt) der Ausdrucksformen von Kindern ab.**

Dazu wurde in den letzten Jahren außergewöhnlich viel geforscht und veröffentlicht. Auf der einen Seite zählt für den Situationsorientierten Ansatz nach wie vor die Grundaussage, „ein Kind dort abzuholen, wo es ist". Und wenn bekannt ist, dass Kinder tagtäglich mithilfe ihrer sechs Ausdrucksformen **(Spiel/Sprache–Sprechen/Motorik/Verhalten/Träume/Malen–Zeichnen)** ihrem unmittelbaren Umfeld zeigen, wie es in ihrer Seele aussieht, was sie bedrückt und was sie erfreut, was sie beunruhigt und was ihnen Ruhe gibt, ob sie unter Druck stehen oder entspannt sind, womit sie sich emotional-kognitiv beschäftigen und was für sie ohne Bedeutung ist, ob ihr Selbstwertgefühl stark oder schwach ausgeprägt ist, ob sie bestimmte Sorgen haben oder eher sorgenfrei ihr Leben gestalten können, ob sie unter- oder überfordert bzw. angemessen gefordert sind etc., dann obliegt es der zunehmenden Fachkompetenz der elementarpädagogischen Fachkräfte, diese **Ausdrucksformen zu sehen, zu verstehen, entschlüsseln und für Projekte nutzbar machen zu können.** Gleichzeitig sind dabei entwicklungspsychologische Gesetzmäßigkeiten zu beachten, etwa die Zusammenhänge zwischen der Qualität des Selbstwertgefühls und der Beeinflussbarkeit der Kinder, die Höhe der intrinsischen Motivation der Kinder und ihrer aktiven Lebensgestaltung, der vorhandenen Angstpotenziale und der Höhe einer Verunsicherung und emotionalen Abwehr, der Existenz von Fähigkeiten und daraus resultierenden möglichen Fertigkeiten, die Nichtexistenz von spezifischen Fertigkeiten und dem offensichtlichen Fehlen basaler Fähigkeiten, einer vorhandenen Unsicherheit und einer damit eingeschränkten Autonomie, der Qualität von existenter Angst und einer eingeschränkten Wahrnehmungsoffenheit ...

So gibt es elementarpädagogische Fachkräfte, die von den Grundlagen der Entwicklungspsychologie/-pädagogik und ihrer praktischen Bedeutung für die Arbeitsgestaltung fasziniert sind. Andere wiederum sind von der Menge der Erkenntnisse überwältigt und haben Schwierigkeiten damit, während der langen Zeit der Kindergartenentwicklung ihr Wissen kontinuierlich zu erweitern, alte Erkenntnisse, die fachlich überholt sind, „über die Schulter zu werfen" und mithilfe des neuen, umfangreichen Wissens auch eine „neue Pädagogik" zu gestalten. Bei allem Wissen bleibt es nicht aus, dass die Grundlagen der Entwicklungspsychologie außergewöhnlich stark mit der Persönlichkeitspsychologie vernetzt sind. Insofern „betreffen" die Erkenntnisse auch immer die Person Erzieher/in! Hier zeigt sich der rote Faden des Situationsorientierten Ansatzes:

> *„Kein Wissen ist reine Technik, die für Kinder gedacht ist. Es ist auch immer mit einem Bedeutungsgehalt für die elementarpädagogischen Fachkräfte verbunden. Fachlichkeit löst eigene Betroffenheit aus."*

Zum Schluss dieses Kapitels sei eine Anmerkung gestattet: Wie ganz zu Anfang der Ausführungen erwähnt, dienen natürlich auch die jeweiligen Kindertagesstättengesetze und Bildungsrichtlinien/-verordnungen/ -gesetze der einzelnen Bundesländer als Basalorientierungen. Da aber

Kindertagesstättengesetze und Bildungsrichtlinien eine Länderangelegenheit sind, kann an dieser Stelle kein Bezug zu allen 16 Ländergesetzen hergestellt werden. Wesentlich ist, dass Mitarbeiter/-innen, die sich dem Situationsorientierten Ansatz verpflichtet fühlen, ihr jeweiliges Kindertagesstättengesetz bzw. ihre jeweiligen Bildungsrichtlinien sehr gut kennen, die dort aufgeführten Ziele und Aufgaben dezidert erläutern können und in der Auseinandersetzung mit ihren zuständigen Landtagsabgeordneten dafür eintreten, dass fachliche Aspekte im Vordergrund stehen und entsprechende Auswirkungen auf organisatorische und strukturelle Gegebenheiten haben.

Kindertagesstättengesetze und Bildungsverordnungen, die durch die jeweiligen Länderparlamente ratifiziert wurden, haben einen juristisch bindenden Wert! Wer ihn nicht beachtet, nimmt – juristisch gesprochen – eine Rechtsbeugung vor. Es ist für den Hauptvertreter des Situationsorientierten Ansatz häufig erschreckend festzustellen, dass viele elementarpädagogische Fachkräfte ihr Kindertagesstättengesetz nur sehr ungenau kennen und selbst die Ausführungsbestimmungen oft unbekannt sind. Dasselbe gilt für die gültigen Bildungsrichtlinien, die möglichst genau gelesen und verstanden werden müssen. Auch hier können nur dann fachliche Diskussionen geführt werden, wenn **Inhalte als Diskussionsgrundlage** dienen können. Gleichzeitig macht es Freude, aus inhaltlicher Kenntnis fachliche Notwendigkeiten einzufordern oder abzuleiten. Und genau dabei treffen sich die Qualitätsbereiche Kompetenz und Professionalität.

3 Voraussetzungen als Grundlagen für den Situationsorientierten Ansatz

3.1 Schwerpunkte

Die Frage vieler elementarpädagogischer Fachkräfte: „Wie komme ich nun zu Projekten?", zeigt einerseits das ernsthafte Bemühen, kindorientierte Arbeit durch ein bestimmtes Vorgehen im Tagesablauf umsetzen zu wollen, andererseits kommt dabei aber auch zum Vorschein, dass – wie häufig in der Pädagogik – „ein Pferd von hinten aufgezäumt werden soll". Wie vielleicht durch die schon vorgenommenen Erstinformationen deutlich wurde, **beginnt die Umsetzung des Situationsorientierten Ansatzes** niemals mit einer direkten Veränderung der Arbeit mit Kindern, gemäß dem Motto: „Nun werden wir neuen Wein in alte Schläuche füllen." Ähnlich wie ein vernetztes Denken für die praktische Arbeit selbst notwendig ist, so zeigt sich auch der Situationsorientierte Ansatz als ein **insgesamt vernetztes Konstrukt.** Das heißt, viele unterschiedliche Aspekte und Merkmale sind eng miteinander verknüpft und stehen in einer Abhängigkeit voneinander. Vergleichbar ist der Ansatz daher mit einem mechanischen Uhrwerk, wo außergewöhnlich viele Zahnräder miteinander verbunden sind. Klemmt nur ein Zahnrad oder verliert ein Teil den Kontakt zu einem anderen Verbindungsstück, so kann die Uhr ihrer eigentlichen Funktion nicht nachkommen und bleibt stehen.

So besteht der Situationsorientierte Ansatz aus drei großen Teilbereichen:

der Innenqualität,
Außenqualität,
pädagogischen Arbeitsqualität.

Es ist sowohl bei der Planung, diesen Ansatz zur Realität von Kindertagesstätten werden zu lassen, stets angezeigt, diesen strukturierten Aufbau zu beachten, als auch bei Schwierigkeiten in der Umsetzung auf die Stufe zurückzugehen, die zuvor genannt ist. Das heißt: Zunächst ist immer für eine **basisbildende Innenqualität** zu sorgen, dann eine Außenqualität herzustellen und letztlich mit der Veränderung der pädagogischen Arbeitsqualität zu beginnen. Der Situationsorientierte Ansatz geht dabei von der Grundannahme aus, dass jeder Kindergarten ein eindeutiges, stimmiges Profil braucht, um eine entsprechend notwendige Qualität zu besitzen. Und dabei kann eine Kindertageseinrichtung wiederum nur dann ein Profil aufbauen und realisieren, wenn sie sowohl im Innenverhältnis (z. B. durch die Mitarbeiter/-innen/eine tatsächliche Teamarbeit) als auch im Außenverhältnis (im Kontakt etwa mit den Eltern, dem Träger, der Öffentlichkeit) ihren Ansatz sowohl theoretisch begründen als auch praktisch transparent machen kann, um dann alle Ziele, Schwerpunkte, methodischen Vorgehensweisen in eine stimmige Arbeitsqualität zu integrieren. Ein einfaches Beispiel möge die Vernetzung demonstrieren: Es wäre recht einfach, eine außergewöhnlich aufwendige Homepage ins Internet zu stellen, um auf diese Weise den Kindergarten vorzustellen (= ein Faktor einer Außenqualität). Im Endeffekt sagt aber diese Homepage gar nichts über die tatsächliche Arbeitsqualität der Pädagogik aus. Früher gab es einmal den Ausspruch „außen hui und innen pfui". Vielmehr stellt sich doch die Frage, wie die **Kommunikationskultur im Kindergarten** ist, wie das **Kollegium** tatsächlich zusammenarbeitet (das heißt vor allem, wie weitestgehend konfliktbereinigt die Zusammenarbeit gelingt und wie weitestgehend spannungsfrei die Arbeitsatmosphäre gestaltet ist), wie die **Kinderrechte** tatsächlich umgesetzt und **die seelischen Grundbedürfnisse** der Kinder tatsächlich befriedigt werden, ob tatsächlich **spannende Projekte** mit Kindern (auf der Grundlage einer partizipatorisch entstandenen, alltagsorientierten Schwerpunktausrichtung) durchgeführt werden und wie tatsächlich der Bildungs-, Betreuungs- und Erziehungsauftrag möglichst konsequent umgesetzt wird.

In der Praxis hat es sich als hilfreich erwiesen, wenn **folgende Schrittfolge „von der Idee bis zur Umsetzung"** beachtet und tatsächlich genutzt wird:

1. Kennenlernen der unterschiedlichen Ansätze und Vergleich

Es gibt – Gott sei Dank – viele unterschiedliche Ansätze in der Elementarpädagogik. Um dabei bestimmte Ansätze kennenzulernen, ist es günstig, sich mit der entsprechenden Basisliteratur oder auch in Fort-/Weiterbildungsseminaren damit auseinanderzusetzen. Entscheidet sich ein Kollegium, die unterschiedlichen Ansätze zu bearbeiten, so kann dies beispielsweise so aussehen, dass sich einzelne Mitarbeiter/-innen intensiv mit einem jeweiligen Ansatz beschäftigen, um ihn anschließend im Gesamtkollegium vorzustellen. Jeder Ansatz hat ein bestimmtes Menschenbild und fühlt sich einer bestimmten pädagogischen Richtung/Entwicklungspsychologie/-pädagogik verpflichtet, besitzt ein ganz bestimmtes Rollenbild und -verständnis vom Kind, den Eltern und den Erzieher/-innen selbst, erfordert entsprechende Handlungskompetenzen in emotionaler, motorischer, kognitiver und sozialer Sicht, legt bestimmte methodische und didaktische Schwerpunkte fest, konzentriert sich entweder primär auf die Schulung von Fertigkeiten oder auf den Auf-/Ausbau von Fähigkeiten, hat einen eigenständigen oder abhängigen Auftrag, versteht Bildung entweder als ein Training/eine Übung von Wissenselementen oder als eine Aufgabe zur Persönlichkeitsentwicklung von Kindern, offenbart einen gesellschaftspolitischen Anspruch oder lässt diesen außer Acht, verlangt eine enge Kooperation der elementarpädagogischen Fachkräfte oder lässt Einzelprofilierungen zu, ist grundlagen- oder dogmenorientiert, richtet sich primär nach inhaltlich festgelegten, elementarpädagogisch bedeutsamen Grundlagen oder nach persönlichen Vorlieben bzw. Abneigungen der Erzieher/-innen, macht eine kontinuierliche Fort- und Weiterentwicklung der Fachkräfte/der Arbeit zur Bedingung oder hält an einmal festgelegten Merkmalen fest. Ist nun im Gesamtkollegium über alle wesentlichen, zurzeit vieldiskutierten Ansätze ausführlich miteinander gesprochen worden, geht es darum, sich **für einen Ansatz zu entscheiden,** mit allen Anforderungen und Konsequenzen, die der Ansatz vorgibt. Dies ist aus dem Grunde besonders wichtig, weil viele Kollegien keine Entscheidung treffen und damit eine Pädagogik realisieren, die einer „bunten Gemüsesuppe", einem „bunten Obstsalat" gleichkommt. Die Frage sei erlaubt, wie in diesem Fall eine Einrichtung dann zu ihrem qualitätsorientierten Profi kommen will/kann. Wichtig ist in diesem Zusammenhang, dass möglichst nie eine Mehrheitsentscheidung den Ausschlag geben sollte, sondern immer eine 100-prozentige Zustimmung aller elementarpädagogischen Fachkräfte die Grundlage für eine solch wichtige Entscheidung bildet, **was nötig und auch möglich ist.** Andernfalls werden pädagogische Irritationen, Missverständnisse und Deckungsungleichheiten in der späteren Arbeit die Folge sein. Nur wenn die mühsamen Vergleiche mit **Tiefe, Sorgsamkeit und Zeitintensität** vorgenommen werden, haben Oberflächlichkeit, Flachheit und eingeschränkte Qualität von Anfang an keine Chance, sich in der Pädagogik zu verbreiten.

2. Das besondere Rollenverständnis elementarpädagogischer Fachkräfte

Dreh- und Angelpunkt jeder Veränderung/Festigung von Gestaltungsmöglichkeiten des pädagogischen, strukturellen, organisatorischen Bereichs im Kindergarten sind die **Erzieher/-innen selbst.** Alte und neue Erfahrungen prägen ihre Gedanken und diese wirken sich wiederum auf alle Arbeitsschwerpunkte im Kindergarten aus. Erzieher/-innen zeigen im Situationsorientierten Ansatz ein deutliches, klares und unverwechselbares Rollenverständnis, das weniger den „Anbieter/-innen und Macher/-innen von Beschäftigungsaktivitäten" ähnelt als vielmehr **professionell arbeitenden Begleiter/-innen von Kindern in einer ziel- und prozessorientierten Arbeit!** So haben sie klare, beschreibbare Vorstellungen von den Zielen ihrer derzeitigen Tätigkeit und gestalten diese auch ganz deutlich **ausgerichtet auf die Grundbedürfnisbefriedigung der Kinder und ihre aktuellen Lebenspläne.** Erzieher/-innen lassen sich nicht von der verlockenden Allmacht leiten, dass sie schon am besten wüssten, was für (?) Kinder gut sei. Vielmehr gehen sie **mit(!) Kindern gemeinsam auf die Suche,** welche Situationen und Schwerpunkte innerhalb eines Projekts von besonderer Aktualität und Bedeutung sein könnten, um mit(!) Kindern in Erfahrung zu bringen, was für ihre Entwicklung hilfreich und notwendig ist. Am besten kann dieses Rollen- und Arbeitsverständnis mit einem Bildvergleich verdeutlicht werden. Haben sich Erzieher/-innen früher wie Beleuchter/-innen/Regisseur/-innen auf einer Bühne verstanden, die von sich aus den Lichtkegel „selbstherrlich" festgelegt haben, in dem sich die Darsteller/-innen aufzuhalten und ihre Stücke nach vorgegebenen Texten aufzuführen hatten, so gleicht ihr Rollenverständnis hier eher einer Person, die gemeinsam mit den Akteuren die Lichtquellen und Fokussierungspunkte sucht. Sie strahlen gemeinsam verschiedene Ecken und Flächen der ganzen Bühne an/aus, um gemeinsam danach zu suchen, welcher Akteur an welcher Stelle welchen Text/welche Schwerpunkthandlung zum Ausdruck bringt. Und wo die Bühne (= der Kindergarten) zu eng wird, so werden außerhalb entsprechende „Arbeitsfelder" aufgesucht. **Dabei sind Erzieher/-innen immer gleichzeitig Beteiligte, Akteure, Betroffene, Impulsgeber, Beobachter, Moderatoren! Erzieher/-innen sind gleichsam Lernende und Mitspieler/-innen; sie sehen Sinnverbindungen zwischen dem, was Kinder tun und dem, was Kinder brauchen, und sorgen dafür, dass Kinder das Notwendige finden und erfahren.** Professionalisierung im Beruf und Humanität in der gesamten Umgangskultur mit Kindern vollzieht sich nicht durch ein Lehren von oben nach unten, sondern durch eine gelebte Identität verinnerlichter und nach außen getragener Verhaltensweisen. **Dabei spielen Mut, Engagement, Begeisterungsfähigkeit, Risikoverhalten, Freude, Optimismus, Lebendigkeit, Neugierde, die Fähigkeit zu Staunen eine ebenso hohe Bedeutung wie persönliche Ausgeglichenheit, Zufriedenheit im Beruf, Motivation zur Selbsterfahrung- und Selbstentwicklung sowie Innovationsengagement.** Schauen wir uns alle diese Begriffe an, dann fallen zweierlei Dinge auf. Zum einen sind mit dem besonderen Rollenverständnis der elementarpädagogischen Fachkräfte auch bestimmte Kompetenzen verbunden, die den persönlichen, handlungsorientierten, emotionalen und kognitiven Bereich direkt betreffen! Rollenverständnis und Kompetenzgefüge sind unmittelbar miteinander verzahnt. Zum anderen sind es Merkmale, die schon lange Zeit für Kinder als Zielsetzungen formuliert wurden, stecken doch hinter diesen Worten solche Aspekte wie Selbstbestimmung, Handlungsbereitschaft, Verantwortlichkeit, Autonomie, kreatives Denken und Handeln, Ambiguitätstoleranz oder Wahrnehmungsoffenheit. **Was also hier im Situationsorientierten Ansatz zum Ausdruck kommt, ist die Forderung, dass alle für Kinder formulierten Ziele zunächst auf die Fachkräfte übertragen wurden/werden, getreu dem Motto: „Für andere formulierte Ziele müssen zunächst immer für sich selbst aufgestellte Ziele sein."** Nicht verträglich mit dem Rollenverständnis sind zu guter Letzt solche Verhaltensforderungen wie: „Tolerant sein, Nachsicht üben, abwarten können, dulden, Belastungen aushalten, eine gute Mine zum bösen Spiel machen, alles verstehen, sich ein Stück weit öffnen, offen sein für alles ..." Gerade in solchen pädagogischen Worthülsen ist auch ein Grund zu finden, warum die Elementarpädagogik bis heute einen vergleichbar geringen Wert im Unterschied zu anderen pädagogischen Arbeitsfeldern hat.

3. Kontinuierliche Fort- und Weiterbildung

Da der Situationsorientierte Ansatz von bzw. mit einer hohen und durch eine hochentwickelte Selbst-, Sach- und Sozialkompetenz der Erzieher/-innen lebt, gehören die sehr vielfältigen Formen der Weiterbildung zur Berufspraxis und zum festen Bestandteil der Berufstätigkeit. (An dieser Stelle sei nur kurz angemerkt, dass auch der Kindergartenträger für entsprechende Bedingungen und finanzielle Unterstützung zu sorgen hat.) Einerseits geht es um das regelmäßige(!) Lesen von aktuellen Fachbüchern- und Fachzeitschriften, andererseits um den Besuch von Seminarveranstaltungen, den Besuch von Kongressen und Fachforen, von Arbeitsgruppen und berufspolitisch bedeutsamen Treffen. Dabei geht es allerdings weniger um persönliche Vorlieben und Interessen einzelner Mitglieder des Kollegiums als vielmehr um **fachliche Schwerpunktnotwendigkeiten,** die für die gesamte Einrichtung bedeutsam sind. Individuell gesetzte Schwerpunkte mögen zwar die Psychohygiene einzelner Kolleg/-innen erfreuen, sind aber für die Entwicklung des Ansatzes als sekundär zu betrachten. Als eine besonders effektive Form der Weiterbildung hat sich die „einrichtungsinterne Fortbildung vor Ort" **(= Inhouse-Seminar)** erwiesen, an der alle Mitarbeiter/-innen der Einrichtung teilnehmen und der Kindergarten – vielleicht bis auf eine sogenannte Notgruppe für die Kinder, deren Eltern ihre Kinder nicht zu Hause oder anderweitig betreuen können – in dieser Zeit geschlossen ist. Wenn alle Mitarbeiter/-innen einer Einrichtung die Chance nutzen, gemeinsam an einem fest umrissenen Themenschwerpunkt zu arbeiten, ist der Übertrag auf die Kindergartenpraxis besonders gut möglich. Schließlich wird auch den Bereichen **„Supervision"** (Arbeitssupervision/selbsterfahrungsorientierte Supervision/Leitungssupervision/Supervision im Rahmen der Qualitätsevaluation) und **„Coaching"** eine immer größer werdende Bedeutung eingeräumt, weil sie häufig Problemkerne thematisieren im Unterschied zur ursprünglichen Fortbildung, bei der es schnell zur Betrachtung von sogenannten Problemmantelpunkten kommen kann.

4. Verbesserung/Intensivierung der Teamarbeit und Teamentwicklung

Dadurch, dass für die Umsetzung des Situationsorientierten Ansatzes einerseits eine grundsätzlich **gute Arbeitsatmosphäre unverzichtbar ist** und andererseits auch immer wieder **bestimmte Projekte gruppenübergreifend durchgeführt werden können,** ist eine möglichst störungsfreie Kommunikations- und Umgangskultur zwischen den Mitarbeiter/-innen unumgänglich. Allzu häufig gibt es in Kollegien Missverständnisse, zurückliegende und nicht bearbeitete Konflikte, unausgesprochene, aber belastende Vorurteile oder seelische Verletzungen, die der „Teamarbeit" ihre besonderen Stempel aufdrücken und ihre jeweils ganz besondere „Geschichte" haben.

Der Situationsorientierte Ansatz lebt davon, wie kooperativ und solidarisch, intensiv und ehrlich, klar und unmissverständlich die Kooperation der Mitarbeiter/-innen auf den unterschiedlichsten Berührungsebenen klappt. Hier werden Gespräche miteinander und nicht übereinander geführt, Konflikte aufgedeckt und geklärt, Gefühle wie Missgunst oder Ablehnung konstruktiv in Kooperation und Hinwendung umgearbeitet, Lösungen für anstehende Probleme nicht abgedrängt und verschoben, sondern aktiv aufgegriffen und gezielt in Angriff genommen, Verantwortung nicht delegiert, sondern selbstbewusst übernommen, persönliche Profilierungen vernachlässigt und der persönliche Einsatz der Aufgabenstellung gewidmet, Rivalitäten vermieden und stattdessen die dafür aufzubringenden Kräfte in kooperative Strategien gesetzt, Rückmeldungen gesucht und gegeben, Hilfestellungen nicht vermieden, sondern gegeben, Regeln und Absprachen nicht gebrochen, sondern eingehalten, Schwung und Dynamik eingebracht statt Langeweile oder Apathie, innovative Vorschläge wahrgenommen und nicht vorschnell abgeschmettert, wesentliche Themen diskutiert und keine beziehungsorientierten „Straßenkämpfe" geführt. **Kollegiale Konferenzen** finden regelmäßig statt und ein Sich-auf-den-anderen-voll-verlassen-Können wird zur Praxis. Dabei zeigen Erfahrungen aus Kindergärten, die situationsorientiert arbeiten, dass sich eine wirkliche Teamarbeit außergewöhnlich positiv auf die gesamte Arbeit mit Kindern, Eltern und anderen verbundenen Personen auswirkt. Ziele werden effizienter erreicht und Prozesse der Qualitätsentwicklung sind schneller erfolgreich.

5. Die individuelle Einrichtungskonzeption als festgeschriebene Grundlage und Visitenkarte der Einrichtung

Es gibt einen Leitsatz mit folgender Formulierung: „Wer nicht weiß, wohin er will, darf sich nicht wundern, dort zu landen, wohin er in keinem Fall wollte." (Robert Mager) Jeder Betrieb, jede Firma und jede Organisation, die Wert auf eine qualitätsgeprägte Arbeit legt, bestimmt vor Aufnahme der Arbeit die eigenen Leitziele und beschreibt sehr genau, was die genaue

Aufgabe ist, wie die Aufgaben erreicht werden, welche Schwerpunkte und aus welchen Gründen bestimmte Vorgehensweisen gewählt werden bzw. worin die besondere Qualität dieser Institution liegt, um den Rahmen der Aufgabenstellung und -durchführung genau abzustecken. Auch der Situationsorientierte Ansatz wird von den Kindergärten in einer **umfassenden, inhaltlich ausführlichen und immer wieder aktualisierten Konzeption transparent** gemacht, sodass eigene, einrichtungsspezifische Qualitäten **genau** vorgestellt und erläutert werden. Die Konzeption ist damit ein Spiegelbild der Arbeit dieses einen Kindergartens und stellt ein unverwechselbares Profil vor. Es gibt sicherlich viele Gründe, den mühsamen Prozess einer Konzeptionserarbeitung auf sich zu nehmen:

- Die Mitarbeiter/-innen wissen durch die sorgfältige Erarbeitung ihrer Konzeption um die pädagogisch und arbeitsrechtlich verpflichtenden Eckwerte ihrer Arbeit, ihrer Schwerpunktsetzungen und ihrer berufsethischen Verantwortung.

- Strukturelle, organisatorische und pädagogische Ziele/Aufgaben sind dort eindeutig genannt sowie beschrieben und stellen in ihren Ausführungen stets einen direkten Zusammenhang zum Situationsorientierten Ansatz her.

- Eltern sind so durch die Konzeption sowohl über das Arbeitsverständnis der Erzieher/-innen sehr differenziert informiert als auch über die Grundsätze und deren Begründungen sowie ihre praktische Umsetzung selbst.

- Die Konzeption wird im Rahmen einer breiten Öffentlichkeitsarbeit allen interessierten Personen und Institutionen zur Verfügung gestellt, sodass der Kindergarten in sehr qualifizierter Form in der Öffentlichkeit auftritt.

- Mitarbeiter/-innen und Eltern, Träger und Qualitätsbeauftragte haben anhand der Konzeption jederzeit die Möglichkeit, die tatsächlich geleistete Arbeit mit den Beschreibungen aus der Konzeption zu vergleichen und zu überprüfen, um ggf. Korrekturen vorzunehmen.

- Schriftlich formulierte, umfangreiche und strukturierte Konzeptionen lassen zudem die Elementarpädagogik greifbar werden und tragen dazu bei, die häufig festzustellende „Schwammigkeit der Pädagogik" und auch eine „Unehrlichkeit der Aussagen" zu verändern. Eine Konzeption, die mit ihren Aussagen ein hohes Maß an Verbindlichkeit, Transparenz und Gültigkeit ausdrückt, trägt in erheblichem Maße dazu bei, den Situationsorientierten Ansatz in der Praxis zu qualifizieren.

6. Kindgerechte und bildungsunterstützende Innen-/Außenräume

Räume sind die dritte Erzieherin! Diese Aussage weist auf den hohen Wert der Wirkung von Räumen hin, denn Materialien und Temperatur, Gerüche und Lichtquellen, Farben und Wandgestaltungen, Möbel und die Beschaffenheit der Böden, Bilder und Pflanzen, Flächenaufteilungen und Spielmaterialien, Raumformen und Deckenhöhen, Platz und Materialzuordnungen haben ihren ständigen Einfluss auf die Qualität des Wohl- oder Unwohlfühlens der Kinder und Erwachsenen. Um in Kindergärten den Situationsorientierten Ansatz umsetzen zu können, bedarf es einer räumlichen Atmosphäre und Aufteilung, in der sich Kinder wohlfühlen können, freie Flächen zur intensiven Nutzung vorfinden, Rückzugsmöglichkeiten für sich und Freunde aufsuchen können und durch die sie motiviert werden, ihrer Neugierde, ihrem Einfallsreichtum, ihrer Ideenvielfalt und ihrem Forscherdrang nachzugehen. **Kindergartenräume müssen LEBENS(T)RÄUME für Kinder sein.** Sie sind daher weder nach „strengen, pädagogischen Gesichtspunkten" durchgestylt noch „von der Stange" eingerichtet oder nach den Kriterien „guter Putzbarkeit", „genormter Sicherheit", „optimaler Überblickbarkeit" oder „funktionaler Struktur" gestaltet. Das wäre genau das, was Kinder nicht brauchen und sich nicht wünschen würden. Volldekorierten Räumen mit schablonengeprägten Basteleien wird ebenso eine klare Absage erteilt wie Räumen, die durch Kameras einsehbar/kontrollierbar sind. Stattdessen gibt es andere Schwerpunkte:

- Platzeinnehmendes Mobiliar, das überflüssig erscheint, wird entfernt!

- Bodenflächen sind zum Spielen da. Insofern ist es hilfreich, wenn auch die Bodenbeschaffenheit zum Aufenthalt einlädt, was durch strapazierfähige Teppichböden oder Teppiche unterstützt werden kann.

- Selbst hergestellte Wandtafeln (glatte Flächen, mit Tafelfarbe bestrichen) laden zum Malen und Zeichnen ein.

- Fensterbänke können oftmals durch Verbreiterungen als Spiel- oder Werkflächen genutzt werden.

- Mobile Podeste, erhöhte Bodenflächen, können von Kindern für besondere Aktivitäten genutzt werden.

- Zweite Ebenen – auch in den Keller/Bodenbereich(!) – entzerren die begrenzte Fläche.

- Raumteiler und Stoffe, die an Schienen an der Zimmerdecke befestigt sind, können je nach Bedarf vor- oder zurückgezogen werden.
- Eingangshallen/-bereiche, Flure und Garderoben sind beliebte Spielplätze von Kindern. Gemeinsam kann überlegt werden, wie diese Räume genutzt werden können. Vielleicht sogar als gruppenübergreifendes „Kinderfrühstückscafé", wo Kinder zu jeder Zeit(!) ihr Frühstück/Vesper einnehmen können.
- Höhlen, Ecken, Nischen, Zelte bieten Kindern die Möglichkeit, sich für kürzere oder längere Zeiten zurückzuziehen, um sich so den allzeit anwesenden Blicken der Erwachsenen/anderer Kinder zu entziehen. Zelte, stabile und große Pappkartonagen (etwa Kartons von Waschmaschinen) oder Weidenhäuser können als Schlafkojen von Kindern jederzeit genutzt werden, um feste „Schlafzeiten" als Relikt der Vergangenheit anzusehen.
- Wandklappen (bis zum Boden reichende Markisen) können je nach Bedarf von der Wand heruntergeklappt werden, sodass zusätzliche Rückzugsräume eingerichtet sind.
- Wandregale aus sorgfältig zusammengeleimten, massiven Gemüsekisten, die an der Wand festgedübelt sind, geben Kindern einen offenen Einblick in die dort abgelegten Materialien und sind geschlossenen Schränken jederzeit vorzuziehen.
- Litfaßsäulen oder halbe Litfaßsäulen schenken zusätzlichen Platz für Wandflächen.
- Lange Flure werden durch gemeinsame Raumgestaltung mit Kindern wohnlicher!
- Große Ganzkörperspiegel laden Kinder dazu ein, sich neugierig zu betrachten und Schminkecken/Kleiderständer mit attraktiven Kleidungsstücken (von „Blaumännern" über Uniformen bis hin zu verschiedenartigen Kleidern, Tüchern, Hüten, Mützen) belegt laden zu spannenden Rollenspielen ein.
- Klein- und großflächige/-räumliche Kunstobjekte im ganzen Kindergartenbereich (innen und außen) schaffen Kulturgenüsse und motivieren dazu, weitere Kunstgegenstände zu entwerfen.
- Werkecken und -räume (mit Werkbänken und reichlichem Werkzeug/Materialien) stehen Kindern zur Verfügung, um handwerklich tätig zu werden.
- Kinderateliers und Tüftlerwerkstätten, Wasserbaustellen und

Zeltdörfer bringen zusätzlichen Schwung in kindorientierte Lebenswelten.

Das **Außengelände** besitzt für Kinder dann Attraktivität, wenn es in gleichem Maße zu einem Erlebnis(t)raum wird wie der Innenbereich. Das Wichtigste scheint immer zu sein, dass nicht alles von außen einsehbar ist! Dichte, dicke Sträucher oder eng gesetzte Hecken in zwei Reihen sorgen dafür, dass Kinder unter sich spielen können. Kinder wollen sich auch auf dem Außengelände bewegen und zurückziehen können. Diesen unterschiedlichen Bedürfnissen kommt ein Situationsorientierter Kindergarten gern nach. So gibt es eigene **Matschflächen, Sand und Wasser(zuläufe), Bäume zum Klettern und Betonröhren zum Verstecken, Podesthöhlen für Rollenspiele, Hängematten zum Träumen, Steine und liegende Bäume zum Balancieren, Netze in Bäumen und aufgeschüttete Hügel, Erdlöcher zum Feuer machen und Kartoffeln backen, selbst angelegte Beete zum Pflanzen und Ernten, Zelte und Höhlen zum Rückzug, Haustiere (Ziegen/Hühner/Enten) zum Pflegen und Nutzen, Weidentunnel und -hütten, Gruben und Gräben, Holz zum Bearbeiten, verschiedene ebenerdige Rundsitzflächen, die an ein Amphitheater erinnern, überdachte Terrassen und selbst gebaute Blockhütten.** Einige Kindergärten haben alte **Bauwagen** oder selbst Schiffe besorgt und diese mit Kindern liebevoll restauriert (beispielsweise zur Nutzung als Werkraum). Schließlich können Skulpturen den ganzen Außenbereich zu zeitlich genutzten Themengärten verwandeln. Der Situationsorientierte Ansatz lässt dabei der Fantasie jede Menge freien Raum!

7. Zusammenarbeit mit den Eltern

Der Situationsorientierte Ansatz ist stark darum bemüht, Eltern als Partner des Kindergartens zu gewinnen, allerdings im Rahmen folgender Eckpunkte: **Elternmitsprache, -mitarbeit und -beteiligung: ja! Elternentscheidung/-bestimmung der Pädagogik: nein!** Was heißt das? Elementarpädagogische Fachkräfte treffen ihre Entscheidungen anhand der im 2. Kapitel vorgenommenen Ausgangswerte und lassen sich daher weder vom Träger noch von den Eltern ihr Konzept aus der Hand nehmen bzw. vorschreiben, was, wann, wie zu tun sei. So wie jedes Handwerk und jeder ausgebildete Handwerker sein Wissen nutzt/nutzen sollte, gestellte Aufgaben optimal zu erfüllen, so versteht sich auch die **Elementarpädagogik als Handwerk.** Im Sinne der Zusammenarbeit bietet der Kindergarten aber vielfältige Formen einer fruchtbaren Kooperation an: Elterntreffen, -feste, Themenelternabende, Elterngespräche und -beratungen, Seminare und Ausflüge, gemeinsam organisierte Aktionen und Ausstellungen,

Elternbriefe und -zeitungen, eine Elternbücherei mit aktueller, gut lesbarer Fachliteratur, Elternunterstützung bei besonderen Situationen, Initiierung von Hobbytreffs oder Hilfestellungen bei der Kontaktsuche zu anderen Institutionen. Entscheidend ist, dass sich Erzieher/-innen im Situationsorientierten Ansatz nicht zu Freunden der Eltern machen, um ein ausgewogenes Verhältnis zwischen Nähe und Distanz jederzeit wahren zu können, sondern für Eltern als freundliche, gleichzeitig klare und kompetente Fachfrauen und Fachmänner erlebbar sind!

8. Zusammenarbeit mit dem Träger

Nach dem Grundverständnis des Situationsorientierten Ansatzes hat der Träger eines Kindergartens ein Recht darauf, einerseits in konsequenter Regelmäßigkeit über Geschehnisse – alltäglicher und besonderer Art – in der Einrichtung informiert zu werden (beispielsweise durch Einladungen zu „Teambesprechungen"/Zusendung der Ergebnisprotokolle, Übergabe der Jahresberichte, Information über besuchte Fortbildungen und deren Auswirkungen auf die Arbeit, strukturelle Veränderungen in der Einrichtung, neue Arbeitsschwerpunkte, Neugestaltung von Innen-/Außenräumen etc.). Andererseits erwartet der Situationsorientierte Ansatz aber auch vom Träger, dass er sich für diese Informationen interessiert, dass er Qualitätsinstrumente, die im Kindergarten eingesetzt werden, mit den elementarpädagogischen Fachkräften abspricht und er in allen Fragen seiner Fürsorgepflicht den Mitarbeiter(inne)n gegenüber nachkommt. Gerade in situationsorientiert arbeitenden Kindergärten kommt es häufig zu Divergenzen, weil eine professionelle, grundlagenorientierte Pädagogik berechtigte Anforderungen an den Träger stellt. Dabei verstehen sich die Mitarbeiter/-innen zwar als Angestellte des Trägers, nicht aber als „Leibeigene", die „ihrem Chef zu gehorchen haben". Entsprechende Auseinandersetzungen werden daher als ein Spiegelbild einer lebendigen Demokratie verstanden und konstruktiv aufgenommen, um im Interesse von Kindern selbst das Unmögliche möglich zu machen.

9. Einbeziehung des Umfeldes in die tägliche Arbeit

Der Kindergarten ist keine Insel – gleichnamig lautet der Titel eines empfehlenswerten, schon vor vielen Jahren erschienenen Buches zum Situationsorientierten Ansatz und ist ein Bild für sein Arbeitsverständnis. Er ist – direkt und indirekt – mit vielen anderen Einrichtungen und Personen verbunden. Den Läden und Geschäften, dem Markt und den Verkehrsmöglichkeiten, dem Schwimmbad, dem ökologischen Umfeld (Wald/Wiesen/Parks), den Behinderten- und Alteneinrichtungen, dem Gemeindehaus und der Kirche, den Arbeitsstellen der Eltern, der Bücherei und dem Theater, den Handwerksbetrieben und der Druckerei, den Künstlerateliers und dem Rathaus, der Gärtnerei, einer Autowerkstatt, der Tankstelle und anderen Gewerken. **Je stärker das Umfeld in alltäglichen, sinnverbundenen Schwerpunkten mit einbezogen wird, desto überflüssiger werden isolierte, künstlich hergestellte Kontakte oder „Lerneinheiten", die der Situationsorientierte Ansatz rundherum ablehnt.** Wenn sich Kinder im Verkehr bewegen, wird ein „Verkehrstraining" nicht gebraucht, und wenn die Kinder ihre Holzbretter für den Werkraum selbst vom Schreiner abholen, ist eine „didaktische Einheit" zum Thema „Wir erkunden unser Umfeld" überflüssig. Bilderbücher über Menschen aus anderen Kulturen werden dadurch zur Seite gelegt, wenn Kinder mit Menschen aus anderen Ländern praktische Begegnungen haben. So ist die lange Tradition des klassischen „Dreiklangs: Besuch des Bäckers, der Feuerwehr, der Polizei" letztlich ein Beweis für die unnatürliche Ausklammerung von Lebenswelten. Dasselbe gilt für „ökologische Tage" oder „gesunde Ernährung", „Naturbegegnungstage" oder „Wahrnehmungswände/Tastwände": Wenn Kinder matschen und werken, im Regen herumtollen und Steine schleppen können, nehmen sie automatisch wahr. **Ein Kindergarten, der innerhalb seiner Projekte auch den Wald aufsucht, um bestimmte Schwerpunkte mit Kindern zu erleben, braucht keine besonderen „Waldtage".** Es ist schon verwunderlich, wenn zunächst Kinder von natürlichen Erfahrungen ferngehalten werden und dann – ganz im Sinne einer „ganzheitlichen Pädagogik" (!?) – wieder durch „pädagogische Programme" an ausgeklammerte Erfahrungen herangeführt werden. Dafür ist im Situationsorientierten Ansatz kein Platz.

10. Zusammenarbeit mit anderen Kindergärten/sozialen Diensten und anderen Einrichtungen

Der Kindergarten hat auf vielfältigste Weise mit den unterschiedlichsten Institutionen zu tun: Nachbarkindergärten, Praxen für Krankengymnastik, logopädische Praxen, sprachheilpädagogische Ambulatorien, Beratungsstellen, heilkundlich tätigen Psychologen, Pädagogen, Psychotherapeuten in freier Praxis, Kinderärzten, der Grundschule, dem Jugendamt, heilpädagogischen Diensten, der Grundschule, Fachschulen/-akademien, (Fach-) Hochschulen, Universitäten etc.

Da der Situationsorientierte Ansatz nicht nur das Wort „Inklusion" von Kindern mit besonderen Problemen oder Handicaps für die Gruppenzusammensetzung hoch einschätzt und zu realisieren versucht, sondern das „Selbstverständnis Inklusion" auf alle Bereiche der Umgangskultur überträgt, versteht es sich von selbst, dass eine enge Kooperation mit allen vernetzten Einrichtungen und Personen(gruppen) gesucht, auf- und ausgebaut sowie gepflegt wird. Auch hier steht „Vernetzung" im Mittelpunkt der Arbeit. Berührungsängste zu anderen Fachdiensten können nur durch Kontakte abgebaut werden.

Dabei achtet der Situationsorientierte Ansatz aber deutlich darauf, dass er sich von keiner Institution „vor den Karren spannen lässt". Vielmehr sucht er den Kontakt, um Ergänzungen für die eigene Arbeit zu finden, bespricht genau die möglichen Berührungspunkte und notwendigen Formen der Zusammenarbeit, klärt eigene und fremde Kompetenzen ab, formuliert eigene, elementarpädagogische Erwartungen und prüft in gemeinsamen Gesprächen, wie und wo im Interesse der Kinder und Eltern eine konstruktive, gedeihliche Kooperation entstehen kann. Hierbei verstehen sich die elementarpädagogischen Fachkräfte als gleichwertige Personen mit den anderen Fachkräften. Allerdings gehört es vonseiten der Erzieher/-innen auch dazu, diese eigene Professionalität deutlich und klar zum Ausdruck zu bringen.

11. Aktive Öffentlichkeitsarbeit

Kindergärten, die sich entschieden haben, den Situationsorientierten Ansatz zu ihrer Arbeitsgrundlage zu machen, suchen vielfältige Möglichkeiten – im Anschluss an die Herstellung einer Innenqualität – ihr besonderes Arbeitsverständnis und die Tätigkeitsschwerpunkte nach außen zu bringen. Getreu dem Motto: **Tue Gutes und rede darüber. Oder: Reden ist Silber, Schweigen ist Schrott!** Allerdings distanziert sich der Situationsorientierte Ansatz von Presseartikeln oder Zeitungsnotizen zum „Laternelaufen", zur „Aufführung von Theaterstücken", vom Aufruf zur „Spende für das Klettergerüst" oder zum „Besuch des Weihnachtsmannes". Ohne dabei die mögliche Bedeutung dieser Öffentlichkeitsarbeit für den einzelnen Kindergarten zu schmälern, muss allerdings deutlich gesagt werden, dass solche öffentlichen Auftritte weder eine professionelle Fachlichkeit noch eine Eigenständigkeit/Innovation zum Ausdruck bringen. Vielmehr wird genau das Gegenteil einer beabsichtigten Wirkung zum Tragen kommen: Hier vermittelt der Kindergarten ein Bild von sich, das einer Verniedlichung von Kindern entspricht bzw. der Kindergarten in einer auf Almosen angewiesene Einrichtung erscheint. Und immer drücken solche Bild- und Text„wahrheiten" auch ein Rollenklischee der Kindergartenpädagogik aus: Der Kindergarten ist eine nette, freundliche und eher unauffällige Einrichtung. Dieses Bild bedarf schon seit Jahren einer dringenden Korrektur! Mitarbeiter/-innen in situationsorientiert arbeitenden Kindergärten sorgen durch ihr **(fach)politisches Engagement,** ihre öffentlich ausgelegten Einrichtungskonzeptionen, Präsentationsmappen, Jahresberichte, Entwicklungsberichte für Eltern und Fachdienste, ihre Einrichtungszeitung, öffentlichen Filmvorführungen über ihre Arbeit (mit vorher eingeholtem Einverständnis der Eltern!), die engagierte Mitarbeit in Arbeitskreisen, durch ihre Unterrichtsmitarbeit in Fachschulen und die Kontakte zu Lehrer/-innen aus Fachschulen/Lehrpersonen aus (Fach-)Hochschulen/Universitäten, Beteiligung an Fachsymposien, öffentliche Elternabende, Einrichtungspartnerschaften mit Institutionen aus anderen (Bundes-)Ländern, ihre regelmäßigen „Tage der offenen Tür", ihre Werk-/Kunstausstellungen innerhalb und außerhalb der Einrichtung, Sponsorensuche (keine Spendensuche!), Artikelbeiträge in Stadtteilzeitungen und Mitwirkung im Lokalfunk, ihre Leser/-innenbriefe und Fachbeiträge in Fachzeitschriften für eine qualitativ hochwertige Öffnung nach außen, die **zielorientiert, planmäßig, strukturiert und fachlich sinnvoll ist.** Dadurch werden Ziele, Aufgaben, Ansprüche und praktische Schwerpunkte der Elementarpädagogik transparent gemacht, wodurch ihr Ansehen gesteigert und das Vertrauen zur Öffentlichkeit aufgebaut und gepflegt wird. Öffentlichkeitsarbeit im Situationsorientierten Ansatz will/muss Neugierde wecken, interessant gestaltet sein, Diskussionen in Gang setzen, ein hohes Maß an Aktualität besitzen, prophylaktisch und perspektivisch ausgerichtet sein, mit zielorientierten Methoden und zielangemessenen Formen nach vorn gehen, Einfluss auf die öffentliche Meinung nehmen, Sachorientierung und Beziehungspflege im Auge haben, den Stellenwert der Einrichtung verbessern, Berührungsängste abbauen, zu einer niveauvollen Streitkultur beitragen, die Öffentlichkeit und die Fachkräfte selbst in Bewegung halten.

> *Nur wenn diese 11 Schwerpunkte zum festen Bestandteil eines solchen Selbstverständnisses der elementarpädagogischen Fachkräfte geworden sind bzw. werden, sind die Voraussetzungen gegeben, nun planvoll und gezielt an die umfassende Durchführung von längerfristigen und lebensplanorientierten Projekten mit Kindern zu gehen, um motiviert und neugierig die Tage zu Erlebniswelten werden zu lassen und dafür zu sorgen, dass Kinder „ihre" Kita lieben.*

4 Planung, Aufbau, Durchführung und Auswertung von Projekten

4.1 Ausgangssituation für Projekte

Der Situationsorientierte Ansatz geht grundsätzlich davon aus, dass Kinder in einer unüberschaubaren Welt von Eindrücken aufwachsen, die wiederum eine (un-)mittelbare Auswirkung auf Entwicklungsvorgänge haben: auf die Einstellungen der Kinder, ihre Weltwahrnehmung, ihre Weltbewertung, ihre tägliche Lebensgestaltung, ihre Erinnerungswelt und ihre perspektivische Sicht für das, was ihrer Meinung nach kommen wird.

Grundlagen dafür finden sich in den Ergebnissen der aktuellen Kindheits- und Bildungsforschung, ergeben sich aus den Konsequenzen der Entwicklungspsychologie sowie Neurobiologie im Hinblick auf die Bedeutung frühkindlicher Persönlichkeitsbildung und zeigen sich in den täglichen Ausdrucksweisen von Kindern. Wenn nun der Anspruch des Situationsorientierten Ansatzes darin besteht, KINDER und ihre Lebenswelt zum Ausgangspunkt der Arbeit zu machen, geht es zunächst um **zwei Aufgaben:**

- Zum einen müssen „Lebensthemen" der Kinder gesehen, verstanden und aufgenommen werden, um den „Ausgangspunkt Kind" auch tatsächlich(!) zu treffen.

- Zum anderen müssen alle außengerichtete Themen, wie sie einmal früher Schwerpunkte der Kindergartenpädagogik waren (Jahreszeiten/Orientierung nach Festen/Vorschulpädagogik ...) bewusst und konsequent ausgeblendet werden, um einen Entwicklungsfreiraum für kindorientierte Pädagogik zu schaffen, getreu einer Kernaussage des 2. Vatikanischen Konzils: „Die Ordnung der Dinge muss der Person dienstbar gemacht werden und nicht umgekehrt" (gaudium et spes).

Denken wir nur an die Biografien vieler Kinder (Stichworte: ein Leben mit unbefriedigten seelischen Grundbedürfnissen, Kompensation durch Konsum, die starke Zunahme an psychosomatischen Erkrankungen und Suchtverhaltensweisen, eine Zunahme an Verhaltensweisen, die vor allem durch Angstgefühle aufgebaut werden ...), so weisen diese darauf hin, dass Kinder unter Druck, Anspannungen, Irritationen stehen und gleichzeitig Hoffnungen, Wünsche, Träume haben.

Würden nun Themen aus der Erwachsenenwelt – und dann noch Themen einer bevorstehenden Zukunft – vorgezogen werden, mit denen sich Kinder im Kindergarten beschäftigen müssten, würde der Anspruch einer „Kindorientierung" pädagogisch pervertiert.

4.2 Ausgangspunkt und Zielsetzung von Projekten

Kinder setzen sich mit **ihren(!) Themen** auseinander, mit **ihren(!) Möglichkeiten**, sich selbst zu entdecken, eine subjektive Beziehung zu **ihrer(!) Welt** aufzubauen und ihre Welt immer besser zu begreifen, **ihre(!) Stellung** in der Welt zu finden und **ihre(!) Bedeutung** der erlebten Umwelt abzugewinnen. Ihr Leben ist geprägt durch **ihre(!) zurzeit vorherrschenden Gefühle und ihre(!) Einschätzung,** ob sie in der Welt willkommen sind oder einen „Störfall" darstellen.

Der Situationsorientierte Ansatz geht nun weiterhin davon aus, dass Erlebnisse, Eindrücke und Erfahrungen (vor-, während- und nachgeburtlicher Art) das Leben der Kinder nachhaltig beeinflussen und prägen und dabei diese Summe der Einflüsse zu entsprechenden Persönlichkeitsmerkmalen der Kinder führen.

Fragt man sich nun, wie bzw. durch was Kinder diese Einflüsse nach außen tragen, so kann anhand der Entwicklungsforschung festgehalten werden, dass Kinder **sechs Ausdrucksformen** zur Verfügung haben. Dabei wird der Begriff „Ausdrucksform" bewusst gewählt, steckt doch in ihm der Begriff „aus dem Druck kommen".

> **Diese sechs Ausdrucksformen sind im Einzelnen:**
> ihr gezeigtes Verhalten,
> ihre gewählten/vernachlässigten Spielformen,
> ihre Erzählthemen und ihre Sprache,
> ihr Malen und Zeichnen,
> ihre Tag- und Nachtträume sowie
> ihre zum Ausdruck gebrachte Motorik.

Ausdrucksformen werden im Situationsorientierten Ansatz – bildlich gesehen – als ein **„Spiegel der Seele"** verstanden, durch den das Innenleben zum Vorschein kommt. (Auch bei uns Erwachsenen verhält es sich ebenso. Denken wir dabei an tägliche Situationen: Fühlen wir uns seelisch verletzt, ziehen wir uns zurück oder greifen emotionalisiert den anderen an; sind wir traurig, fangen wir an zu weinen oder fallen in eine Starrheit mit dem Ziel, Trauer zu unterdrücken; freuen wir uns, reagieren wir ausgelassen oder werden wir von massiver Angst beherrscht, sucht auch hier unsere Seele entsprechende Reaktionsmöglichkeiten ...). Insofern ist jeder Mensch in seinem „So-Sein" ein Abbild seines Seelenlebens. Das Drama liegt allerdings häufig darin, dass einerseits viele kleine und große Menschen durch hier nicht zu diskutierende Gründe den Kontakt zu sich selbst verloren haben und ihr Ausdrucksverhalten kaum oder nur verzerrt wahrnehmen. Andererseits können sie dadurch auch nur sehr eingeschränkt oder gar nicht ihre Außenwirkung auf andere einschätzen, sodass Kommunikationsstörungen/ Fehlbeurteilungen programmiert sind. Diese führen bei Kindern (und Erwachsenen) zu Konfliktsituationen, aus denen sich bei einer entsprechend tief erlebten seelischen Verletzung bzw. bei einer häufig gleichbleibend tiefen Irritation etwa Auffälligkeiten in den unterschiedlichen Ausdrucksformen bilden und verstärken können.

Der Situationsorientierte Ansatz macht es sich nun zur ersten Aufgabe, diese sechs Ausdrucksformen der Kinder zu beobachten, über einen längeren Zeitraum(!) zu sichten und schriftlich zu protokollieren. Nun würde aber alle Protokollierung nichts bringen, wenn den elementarpädagogischen Fachkräften kein Instrumentarium zur Verfügung stehen würde, ihre Beobachtungen über die Ausdrucksformen zu verstehen, steht doch die Frage an, **wozu** ein Kind diese oder jene Ausdrucksform wählt. Hier liegt nun die weitere, überaus bedeutsame **zweite Aufgabe:** Entwicklungspsychologische Forschungen im In- und Ausland haben es sich seit mehr als zwei Jahrzehnten unter anderem zur Aufgabe gemacht, die möglichen Hintergründe für die unterschiedlichen Ausdrucksformen auf der Grundlage der analytischen Psychologie zu **„entschlüsseln"**. Dies geschieht in der Annahme und in dem Wissen, dass alle sichtbaren Ausdrucksformen „codierte (= verschlüsselte) Botschaften" sind, die es zu „decodieren" gilt, um Kinder tatsächlich zu verstehen und zu wissen, wie es Kindern geht, womit sie sich intrapsychisch (= innerlich) tatsächlich auseinandersetzen, was sie seelisch bewegt und wozu sie ihre offenbarten Ausdrucksformen nutzen (wollen/müssen!). **Diese verstandenen/zu verstehenden Ausdrucksformen haben damit für die Beobachterinnen einen jeweiligen Erzählwert.** Ausdrucksformen erzählen Geschichten, berichten über Hintergründe/Ursachen, legen Erlebnisse der Kinder offen und fordern elementarpädagogische Fachkräfte auf, dafür zu sorgen, dass Ausdrucksformen positiver, konstruktiver, lebendiger Art unterstützt und ausgebaut werden. Ausdrucksformen destruktiver Art, durch die sich ein Kind selbst (immer wieder) in Schwierigkeiten bringt oder andere Menschen bzw. ihr Umfeld schädigt, werden dagegen als Impulse und klare Aufgabenstellungen verstanden, hier gemeinsam mit Kindern neue Lösungsmöglichkeiten zu finden, damit sie aus ihrem seelischen Erleben heraus andere Ausdrucksformen in Gang setzen/wählen können!

Der Begriff **"Erzählwert"** kann auch mit dem Wort **"Deutung von Ausdrucksformen"** beschrieben werden. Und hier kommt auf die elementarpädagogischen Fachkräfte eine besondere Verantwortung zu, die durch Fachlichkeit und Professionalität durchaus übernommen werden kann/muss:

- **Deutungen** sind keine Interpretationen! Fließen bei persönlichen Interpretationen subjektive Einstellungen, Annahmen, Vorurteile, Halbwissen und Halbwahrheiten mit ein, beziehen sich Deutungen dagegen auf Erkenntnisse. Solche Erkenntnisse können sich aus veröffentlichten Forschungsergebnissen ableiten oder auch auf langjährige Fachbeobachtungen und Auswertungen beziehen. Bevor sich also elementarpädagogische Fachkräfte an die Erzählwerte heranwagen, müssen entsprechende Grundlagen (beispielsweise durch besuchte Fort-/Weiterbildungsseminare, intensiv bearbeitete Fachliteratur – siehe dazu die im Anhang aufgeführten Buchhinweise –) erarbeitet worden sein und zur Verfügung stehen.

- Deutungen der Erzählwerte dürfen nur dann vorgenommen werden, wenn es um Ausdrucksformen der Kinder geht, die sie über einen **längeren Zeitraum** und **in entsprechender Intensität** zeigen! Es könnte gesagt werden, es sei „typisch" für das Kind, diese oder jene besondere Ausdrucksform zu offenbaren. Der Begriff „typisch" ist in diesem Zusammenhang nicht bewertend/stigmatisierend gemeint; vielmehr wird er als ein Synonym für ein oft beobachtetes Verhaltensmerkmal genutzt. In einem Überblick ergibt sich daher folgendes Bild:

Erfahrungen/Erlebnisse/Eindrücke (= lebensbedeutsame Situationen) offenbaren sich in sechs Ausdrucksformen:

- in spezifisch gezeigten Verhaltensweisen,
- in spezifisch gewählten/vernachlässigten Spielformen,
- in Erzählthemen/ihrer Sprache,
- im Malen und Zeichnen,
- in Tag-/Nachtträumen,
- in der Motorik.

Sie alle sind codierte Ausdrucksweisen und besitzen **einen Ausdruckswert** und **einen Erzählwert**.

Da Erfahrungen, Erlebnisse und Eindrücke, die für Kinder bedeutsam waren, einen prägenden Wert besitzen (und auch noch uns als Erwachsene entscheidend in unserer Lebensgestaltung beeinflussen), hat der Situationsorientierte Ansatz das Ziel, Kindern dabei zu helfen, die entwicklungsförderlich erlebten Einflüsse zu intensivieren/zu stärken und die entwicklungshinderlich erlebten Eindrücke/Erfahrungen zu verarbeiten, damit sie ein stärkeres, innerlich festes Selbstwertgefühl aufbauen/weiterentwickeln können, um die eigene Autonomie und Selbständigkeit auszubauen und damit zu einer gefestigten Identität und Sozialkompetenz zu finden, die zu einer reichen, glücklichen Lebensgestaltung führen.

Eine Anmerkung sei an dieser Stelle gestattet: Dem Situationsorientierten Ansatz wird von Zeit zu Zeit – und dabei aus einer bestimmten pädagogischen Richtung – vorgehalten, er habe eine „therapeutische" Zielsetzung, die von elementarpädagogischen Fachkräften nicht geleistet werden kann. Dazu sei Folgendes gesagt:

1) elementarpädagogische Fachkräfte sind keine „Kindergärtner/-innen", die „zu dumm" für eine Arbeit mit hoher Fachkompetenz wären!

2) Wenn das Wort „therapeutisch" im Sinne einer genauen Übersetzung aus dem Griechischen mit „dienlich" angenommen wird und im Sinne einer Fortführung gesagt würde, die Arbeit habe „der Entwicklung von Kindern dienlich zu sein", dann trifft das Wort „therapeutisch" absolut exakt zu. „Therapeuten" (also Menschen, die im Sinne einer Entwicklung anderen Menschen dienlich sind) sind genau genommen „Diener" – sie haben einer inhaltlichen Aufgabenstellung zu dienen zum Wohl der ihnen anvertrauten Menschen. Allerdings sei darauf hingewiesen, dass „therapeutische Arbeit" nicht einer „psychotherapeutischen Arbeit" gleichgesetzt wird bzw. werden darf. Hier gibt es Unterschiede!

3) In dem Maße, in dem Fachschulen/-akademien sowie (Fach-)Hochschulen/Universitäten (mit dem Schwerpunkt der Elementarpädagogik) ihre Ausbildung fachlich/inhaltlich reformieren würden und dem Bereich der Entwicklungspsychologie, der Neurobiologie sowie der Bildungs- und Bindungsforschung eine erste, oberste Priorität beimessen würden, würde ein oben angesprochenes Fachwissen schon vor der Berufsaufnahme vorhanden sein – zumindest in basalen Grundlagen.

Die Zielsetzung des Situationsorientierten Ansatzes lässt sich also wie folgt beschreiben:

Der Kindergarten will Kindern die Möglichkeit geben, lebensbedeutsame Situationen, die das Kind in seinen Ausdrucksformen offenbart, in entwicklungsförderlicher Sicht zu unterstützen und bei entwicklungshinderlichen Eindrücken zu verarbeiten, um sich weiterhin bzw. impulsgebend, wahrnehmungsoffen und engagiert mit seinem gegenwärtigen Leben beschäftigen zu können.

Durch den Auf-/Ausbau seiner personalen Identität wird es Kompetenzen intensivieren bzw. neu entwickeln, die es die Gegenwart gestalten und die Zukunft bewältigen lässt.

4.3 Lebenspläne von Kindern als Grundlage für Projekte

Galt es zunächst, Kinder in ihren sechs Ausdrucksformen wahrzunehmen, diese wahrgenommenen Ereignisse in Beobachtungslisten schriftlich zu protokollieren und anschließend jedes Ausdrucksverhalten in seinem Erzählwert zu verstehen (zu deuten), so hat die Praxis gezeigt, dass es besonders aussagekräftig ist, wenn zu **jeder Ausdrucksform möglichst mehrere (drei bis sechs) Beispiele** aufgeführt sind! Je höher die Anzahl der beobachteten Beispiele ausfallen, desto aussagekräftiger kann der Erzählwert beschrieben und zusammengefasst werden!

Nehmen wir einmal an, dass die Beobachtung eines Kindes je vier „typische" Beispiele einer jeden Ausdrucksform ergeben hat, so hat die elementarpädagogische Fachkraft insgesamt 24 Ausdrucksbelege zur Verfügung, um dann aus ihrem Fachwissen heraus diese spezifischen Ausdruckswerte mit ihren Erzählwerten zu versehen. Viele Erzieher/-innen haben sich mit der Zeit und durch die intensive Beschäftigung mit der **Symbolik des Verhaltens**, der Symbolsprache der Spielformen und des spezifischen Spielens der Kinder, der Symbolik der Bewegung/des Bewegungsverhaltens, der Symbolik des Erzählens und der Sprachgestaltung, der Symbolik des Malens und Zeichnens und der Symbolsprache der Träume ein eigenes „Symbol-be-deutungs-buch" angelegt, das nach entsprechend besuchten Fachseminaren oder nach einer erfolgten Fachbuchbearbeitung immer wieder ergänzt wird.

Nun könnte man annehmen, dass bei entsprechenden Ausdrucks- und Erzählwerten sehr viele, ganz unterschiedliche Decodierungsergebnisse bei einem Kind herauskommen. Nun, das ist falsch. Immer gibt es zwischen den unterschiedlichen Ausdrucks- bzw. Erzählwerten einen roten Faden, eine Sinnverbindung, einen Leitwert, der sich durch alle (zumindest die meisten) Aussagen zieht. Anders ausgedrückt: Durch einen Vergleich und eine vernetzte Betrachtung der Ausdrucks- und Erzählwerte offenbart sich ein Verhaltensmuster, das sich offensichtlich im Laufe der Zeit und des Kind(-er-)lebens herausgebildet hat. Eine Auswertung ungezählter Ausdrucksformen und ihrer Erzählwerte hat ergeben, dass außergewöhnlich viele Kinder etwa ein Verhaltensmuster zeigen, welches deutlich macht, dass Kinder:

- unter Druck stehen und Druckentlastung suchen,
- unglücklich sind und Glück erleben wollen,
- sich schwach und minderwertig fühlen und Seelenstärke brauchen,
- Angstsituationen ausgesetzt sind und eine Befreiung aus der Angst suchen,
- Einsamkeit erleben und auf der Suche nach Annahme sind,
- unter Anspannungen leben und Entspannung suchen,
- mutlos sind und eigentlich mutig sein wollen,
- Anforderungen mit Resignation begegnen und lieber Wagnisse eingehen würden,
- Angst vor Versagenserlebnissen haben und daher innere Stärke brauchen,
- in Überforderungen stecken und sich davon zu befreien versuchen,
- unterfordert sind und auf der Suche nach „echten" Herausforderungen sind,
- Enttäuschungen mit sich herumtragen und lieber eine emotionale Freiheit hätten.

Natürlich(!) gibt es daneben auch Kinder, die sogenannte positive Verhaltensmuster zum Ausdruck bringen, doch sind sie im Verhältnis zur Gesamtzahl der beobachteten Kinder deutlich in der Minderheit. Wichtig ist folgende Anmerkung: Es geht dem Situationsorientierten Ansatz nicht um eine negativ geprägte Projektarbeit. Wer das behaupten würde, hätte sich von einer fachlichen Diskussion weit entfernt. Vielmehr richtet sich der Ansatz – und damit auch die Projektorientierung – nach den Daten heutiger Kindheiten – und das direkt vor Ort – aus. **Das bei den Kindern entzifferte Verhaltensmuster, das bei einem Zusammentragen aller Ausdrucksformen sowie einer vernetzten Betrachtung aller Erzählwerte entdeckt werden kann, wird im Situationsorientierten Ansatz als „individueller Lebensplan des Kindes" bezeichnet.** Seine genaue Definition lautet wie folgt:

Ein Lebensplan ist der rote Faden im Leben von Menschen. Er ist ein personell individuelles Verhaltensmuster, das sich in der Vielzahl der Ausdrucksformen und ihren spezifischen Ausdrucksweisen zeigt und einen jeweiligen Bedeutungs(-Erzähl-)wert besitzt. Der Lebensplan eines Menschen setzt sich aus der individuellen Bewertung bisheriger Lebenserfahrungen, -eindrücke und Erlebnisse zusammen und verfolgt den Zweck, lebensnotwendige Grundbedürfnisse zu befriedigen, um zu einer seelischen Stabilität auf der Grundlage einer personalen Identität zu finden.

Dazu ein paar einfache Beispiele, um den Zusammenhang von Lebensplan und Grundbedürfnisbefriedigung zu verdeutlichen:

- Kinder, die unter Spannung stehen, suchen häufig intensive Bewegungen, um sich von ihrem Stress zu befreien und um letztlich entspannter sein zu können; allzu schnell werden diese Kinder mit dem Etikettierungsbegriff „AD(H)S-Kind" versehen, was fachlich in keinerlei Weise begründet ist!

- **Einsame Kinder** suchen häufig den Kontakt zu anderen Menschen, um Annahme und Geborgenheit zu spüren, und dabei würden diese Kinder am liebsten die ganze Zeit über die körperliche Nähe zum Erwachsenen genießen. Allzu schnell werden diese Kinder mit der unfachlichen Bewertung „distanzlos" belegt, anstatt zu verstehen, dass Kinder ihr Grundbedürfnis „Liebe erfahren" sättigen/nachholen wollen und müssen.

- **Kinder mit vielen Unsicherheiten** suchen Situationen/Personen/ Umstände, die ihnen Sicherheiten geben und es fällt ihnen schwer, sich auf neue, unbekannte Situationen einzulassen. Diese Kinder haben beispielsweise Schwierigkeiten, sich von vertrauten Personen zu lösen, Spielgegenstände abzugeben, etwas zu teilen oder Spielabbrüche zu akzeptieren. Allzu schnell werden diese Kinder als „unselbstständig", „unflexibel" oder in ihren Verhaltensweisen als „nicht altersgerecht" abgeurteilt.

- **Kinder mit einem stark eingeschränkten Selbstwertgefühl** bzw. Minderwertigkeitsgefühlen schaffen häufig Situationen, durch die sie auffallen und dadurch (endlich einmal) in den Mittelpunkt von Betrachtungen/Beachtungen kommen. Allzu schnell werden sie als „unangepasst", „egoistisch", „unsozial" oder „aggressiv" beurteilt, ohne zu sehen, dass es eine aktuelle Überlebensstrategie der Kinder ist, um nicht gänzlich in ihrer erlebten Bedeutungslosigkeit ganz abzurutschen.

- **Kinder, die sich seelisch ohnmächtig fühlen,** haben häufig den Wunsch, Macht über andere zu besitzen. Allzu schnell werden diese Kinder als „gewalttätig" abgestempelt, ohne zu verstehen, dass

Angst-, Verunsicherungs- und Ohnmachtsgefühle genau zu dieser Überlebensstrategie führen müssen ...

- Diese Aufzählung könnte endlos fortgesetzt werden. Wenn – und darauf weisen ungezählte Beobachtungen – **kindeigene Ausdrucksformen beispielsweise sehr häufig dem Zweck dienen, sich aus einer Angst zu befreien,** Stolz erleben zu wollen, sich aus Wut und Ärger frei machen zu wollen, „eigentlich" Ruhe und Entspannung suchen, Sicherheiten finden wollen, eigene Stärke spüren möchten, Wertschätzung und Zuverlässigkeit erleben möchten, sich aus Drucksituationen befreien zu wollen ..., dann hat ein Kindergarten, der sich dem Situationsorientierten Ansatz verpflichtet fühlt, dafür zu sorgen, dass die Kinder in ihrer elementarpädagogischen Einrichtung (und in der Zusammenarbeit mit Eltern auch wenn möglich im Elternhaus) **das finden, was sie brauchen.** Vielleicht kann auch so eine Erklärung dafür gefunden werden, dass Kinder, die keine Freude dabei empfinden zum Kindergarten zu gehen, bestimmte „Angebote" immer wieder verweigern, das Abholen von den Eltern kaum abwarten können, eine sogenannte Kindergartenmüdigkeit entwickeln, mit Langeweile einen Großteil ihrer Tage im Kindergarten verbringen, aus dem Kindergarten abhauen, durch vielfältige Verhaltensirritationen auffallen, einfach nicht das erleben, **wonach ihre Seele ruft!**

4.4 Durchführung von Projekten

Aus den bisherigen Inhalten könnte nun der Schluss gezogen werden, man müsse „nur" humane, kindorientierte Verhaltensweisen zeigen, die von Kindern als hilfreich und freundlich erlebt werden und ansonsten die Kinder spielen oder sich bewegen lassen. Weit gefehlt. Auf der einen Seite können sich neue Verhaltensmuster nur dann entwickeln, wenn sie mit bisherigen Lebensplänen direkt in Beziehung gesetzt werden und „alte Strukturen" verarbeitet werden können. Auf der anderen Seite haben destruktive, entwicklungshinderliche Lebenspläne (leider) immer die Tendenz, sich selbst zu stabilisieren, auch wenn sie ungünstige Auswirkungen auf das Erleben eines Menschen haben. Ein paar Beispiele dazu: Menschen, die sich ohnmächtig fühlen, werden entweder ihre Ohnmacht mit Machtstrukturen überdecken (wollen/müssen) oder es wird weiterhin ihr Wunsch sein, unauffällig zu bleiben. Menschen, die unter Angst leiden, werden beispielsweise auch weiterhin angstauslösenden Situationen aus dem Wege gehen und dadurch ihre Angst – wenn auch ungewollt – verstärken.

Insofern versuchen Projekte im Situationsorientierten Ansatz stets die zwei vorherrschenden Elemente von Lebensplänen zu verbinden:

a) bekannte und die für die Lebenspläne auslösenden Erfahrungen zu aktualisieren und

b) gleichzeitig die gesuchten Grundbedürfnisse, die ein Kind unbefriedigt in sich trägt, zu befriedigen.

Auch hier sollen kurze Beispiele die Aussage erläutern:

Angst kann nur verarbeitet werden, wenn auf der einen Seite angstauslösende Situationen hergestellt/aufgesucht werden und gleichzeitig Sicherheit/Vertrauen erlebt wird, in der das Kind die Erfahrung macht, diese Angstsituation meistern zu können.

Einsamkeit kann nur überwunden werden, wenn auf der einen Seite Situationen der Einsamkeit hergestellt/erlebt werden und gleichzeitig Strategien (in Zusammenarbeit mit anderen) aufgebaut werden können, um Einsamkeit als eine zu überwindende Größe erfahren zu können.

Der Situationsorientierte Ansatz hat hier den Begriff der **„Doppelung/Duplizität"** aus der Lernpsychologie übernommen. Nur **wenn beide Elemente gleichzeitig erfahren** werden, ist eine Veränderung alter Lebensplanstrukturen möglich und wahrscheinlich, wobei die Grundbedürfnisbefriedigung von Kindern ganz deutlich in diesen Situationen erlebt werden muss!

a) Projekte im Situationsorientierten Ansatz sind demnach Handlungs- und Erfahrungsaktivitäten aus den (un-)mittelbaren, immer noch wirksamen und Einfluss-nehmenden Erfahrungswelten der Kinder, die ihnen die Möglichkeit geben, a) bei entwicklungsförderlichen Merkmalen emotional-soziale Kompetenzen weiter auszubauen und

b) bei entwicklungshinderlichen Merkmalen zurückliegende, in den Erfahrungswelten der Kinder liegende und von ihnen als bedeutsam eingestufte Situationen, nach-/(auf)zuarbeiten, sich damit auseinanderzusetzen und neue emotional-soziale Kompetenzen zu entwickeln.

Projekte dienen damit einerseits als **Stabilisierungshilfen,** andererseits als **Verarbeitungshilfen** in sicheren Beziehungssituationen, in denen es gleichzeitig zur Befriedigung von seelischen Grundbedürfnissen kommt. Projekte helfen – und das hat sich in der Praxis immer wieder gezeigt – in ganz besonderem Maße den Kindern, die weitere Entwicklungsstärken entdecken wollen/können, indem sie sich durch das Projekterleben aus Irritationen und Verwicklungen befreien.

Nachdem nun die **Lebenspläne aller Kinder** aus der Gruppe gefunden und nochmals sorgfältig überprüft wurden, wird versucht, **eine Häufung von Lebensplänen möglichst vieler Kinder zu entdecken und festzustellen.** Vielleicht ist es der **Schwerpunkt** „Trauer erleben und überwinden", „Lebensfreude entdecken und verstärkt erfahren", vielleicht der Schwerpunkt „unglücklich sein und Glück entdecken", vielleicht zeichnet sich der Schwerpunkt „Angst haben und Mut entwickeln" oder „sich schwach fühlen und Stärke in sich entdecken" ab. Auch wenn es nicht zu einer vollkommen identischen Häufung von Lebensplänen kommt, können selbstverständlich ähnliche Lebenspläne unter einen basalen Oberbegriff subsumiert (= untergeordnet) werden. **Ein Hinweis: Häufungen sind immer wieder zu entdecken.**

Wurde eine solche Häufung gefunden, ist das mögliche Projekt identifiziert, entsprechend dem Motto, „die Kinder dort abzuholen, wo sie stehen".

Projektarbeit bedeutet demnach, möglichst das mit Kindern zu erleben, wodurch sie sich in ihren Lebensplänen angesprochen/berührt fühlen.

Ist der mögliche Projektschwerpunkt gefunden, werden die Kinder gebeten, sich zusammen mit dem Erwachsenen in einen Kreis zu setzen, wo jeder jeden gut sehen kann. Nun beginnt der/die Erzieher/-in, jedem Kind **ein Beispiel** (kurz) zu berichten, das möglichst aus der eigenen (Kindergarten-) Erfahrungswelt des Kindes stammt und zum angedachten Projektschwerpunkt passt. Angenommen, das Projekt ist unter dem Stichwort „Angst erleben und überwinden" angedacht, dann hat sich der/die ErzieherIn im Vorwege darüber Gedanken gemacht, wo jedes Kind – und sie selbst – in den letzten Tagen/Wochen eine Ausdrucksform gezeigt hat, die mit Angst besetzt war. Diese Beispiele werden dann **kurz skizziert** (maximal sieben Sätze!) mit direkter Ansprache an die betreffenden Kinder. Sprachbeispiele:

„Jennifer, als du letztens einmal mit der großen Säge die Bretter zersägt hast, kam Max und wollte dir die Säge wegnehmen. Da hast du dich vor ihn hingestellt und die Säge hinter deinem Rücken versteckt. Du hast auch ganz laut gesagt, du wüsstest gar nicht, wo die Säge ist. Bestimmt hast du Angst gehabt, dass Max dir die Säge einfach fortholen wollte."

„Max, du warst vor ein paar Tagen auf dem hohen Baum. Dabei bist du ganz hoch geklettert. Plötzlich hast du laut gerufen, du wüsstest gar nicht, wie du wieder runterkommen kannst. Und ganz fest hast du dich an dem dicken Ast festgehalten. Ich glaube, du hast Angst gehabt, runterzufallen oder für immer auf dem Baum bleiben zu müssen."

„Katrin, du warst in der Küche und hast mit uns den großen Kuchen backen wollen. Dabei ist dir der Krug mit der Milch auf den Boden gefallen und der ging kaputt. Du hast dann ganz doll geweint und gesagt, du könntest nichts dafür. Bestimmt hast du Angst gehabt, dass einer von uns Erwachsenen mit dir schimpft."

So erhält jedes Kind ein konkretes Beispiel aus seiner Lebenswelt genannt. Um die Aufmerksamkeit der Kinder zu erhöhen, bietet es sich an, zunächst immer zuerst den Namen zu sagen, dann bis zu fünf Sätzen die reale, zurückliegende möglichst präzise und beschreibend wiederzugeben, um dann in dem letzten Satz mit dem Projektwort(!) das Beispiel zu beenden. Es versteht sich dabei von selbst, dass einerseits keine Beispiele genannt werden, die ein Kind in seiner Würde verletzen oder ein Kind der Lächerlichkeit ausgesetzt sein würde, andererseits keine Situationen öffentlich gemacht würden, die beispielsweise ein Geheimnis darstellen. Spätestens zum Schluss der Runde berichtet der/die Erzieher/-in auch von einem eigenen (echten!) Beispiel.

Ist man mit der Runde durch, bei der Kinder selbstverständlich Nachfragen stellen/ Ergänzungen/Korrekturen vornehmen können, **stellt der/die Erzieher/-in die zum Projekt entscheidende Frage.** In diesem Fall:

„Sagt Kinder, kennt ihr noch andere Beispiele, wo ihr schon mal mächtig Angst gehabt habt?" **(In diesem Satz findet sich das jeweilige Projektwort wieder.)** Nun – und das zeigt die Praxis – können zwei Dinge geschehen:

a) Entweder werden Erzieher/-innen von den Kindern mit großen Augen angeschaut und es passiert so gut wie nichts, entsprechend der unausgesprochenen Frage der Kinder: „Was will die denn von uns?" Das wäre ein sicherer Beweis dafür, dass der anvisierte Projektschwerpunkt offensichtlich falsch war und dieser die Lebenspläne der Kinder nicht getroffen hat.

Oder Kinder sprudeln mit ihren Erlebnissen und Erfahrungen nur so aus sich heraus. Sie berichten von Beobachtungen und Geschehnissen aus der Vergangenheit(!), in denen sie so etwas schon einmal erlebt haben und was immer noch in ihrer Seele einen Bedeutungswert besitzt. Das wäre exakt der Beweis, dass realitätsbezogene Vergangenheitsbilder durch diese Einführungsrunde **aktualisiert** wurden und nun zum „Ausdruck" kommen.

Diese Erfahrungen **schreibt sich der/die Erzieher/-in in Stichworten auf,** weil diese gleichsam das **Basismaterial** für ein Projekt bilden. Hier liefern die Kinder(!) die Schwerpunkte, nicht die Erzieher/-innen. (Anmerkung: Sind in der Kindergruppe eher kleinere Kinder, die eine solche Frage noch nicht verstehen können oder fremdsprachige Kinder, die der deutschen Sprache noch nicht mächtig sind, und stehen zweisprachige Kinder/Erzieher/-innen auch nicht für eine Übersetzung zur Verfügung, dann versucht der/die Erzieher/-in, Inhalte zu finden, die aus ihrer Sicht den Lebensplänen der Kinder entsprechen könnten.)

Hier nun wieder ein Beispiel aus der realen Praxis eines situationsorientierten Kindergartens. Folgende Beispiele nannten die Kinder:

„Ich hab' immer **vor Gespenstern Angst.** Die können einen nachts erschrecken." – „**Fledermäuse** können einem an den Hals fliegen und ganz viel Blut saugen." – „Wenn sich meine Schwester ganz doll schminkt, krieg' ich immer Angst." – „Ich hab' mal **Hexen auf fliegenden Besen** gesehen. Die können einen fangen und aufessen." – „Ich war mal mit meinem Papa in einer **dunklen Höhle,** da konnte man gar nichts sehen, und wir wussten nicht, ob wir da jemals wieder rausfinden." – „Wenn man so **komische Masken** aufhat, dann kann man schon Angst kriegen." – „**Löwen und Bären** sind riesengroß und immer hungrig. Wenn man da nicht schnell weglaufen kann, fressen die einen auf." – „Ich muss immer aus dem **dunklen Keller** Gemüse holen – da hab ich Angst." – „**Spinnen** haben so klebrige Fäden. Wenn man da reinkommt, ist man gefangen." – „**Gewitter** macht mir Angst." – „Ich hab' so große Angst, wenn mir immer **andere Kinder auflauern** und mich verkloppen" – „Im **Wasser** kann man richtig ertrinken, und davor hab ich Angst."...

Nachdem die wichtigsten Inhalte/Begriffe der Kinder aufgeschrieben wurden, wird die Kinderrunde aufgelöst und die Erzieher/-innen ordnen nun ihre Notizen nach folgender möglichen **Klassifizierung:**

- ☐ Welche Situationen/Vorhaben beziehen sich auf Aktionen, die innerhalb des Kindergartens umgesetzt werden können?
- ☐ Welche Situationen/Vorhaben sind besonders gut dafür geeignet, außerhalb des Kindergartens umgesetzt werden zu können?
- ☐ Welche zu diesem Projektschwerpunkt passenden Lieder, Werktätigkeiten, Spiele, Märchen, Musikstücke, Kunstaspekte können sinnverbunden in der Gruppe mitberücksichtigt werden?
- ☐ Welche Impulse/Vorhaben ergeben sich zwangsläufig und in notwendiger Weise für die Zusammenarbeit mit den Eltern?
- ☐ Mit welchen Einrichtungen/Betrieben kann bei bestimmten Vorhaben/Situationen kooperiert werden?
- ☐ Gibt es Hinweise aus anderen Gruppen, hier vielleicht ein gruppenübergreifendes Projekt zu machen?

Nachdem nun eine Ordnung hergestellt wurde, folgt die **Durchführung des Projekts.**

In einigen Kindergärten sind dazu neben der Gruppenraumtüre die einzelnen Projektschwerpunkte in entsprechender Reihenfolge aufgemalt (und auf geschrieben), wobei an dem aktuellen Schwerpunkt jeweils ein großer, nicht übersehbarer Pfeil angebracht ist. Dabei ist aber jeder **Inhaltsbereich** nicht so starr, als dass aktuelle Besonderheiten nicht eingebaut werden können. Während der **Durchführung des Projekts** werden zusätzlich auf zwei begleitende Arbeitsmerkmale Wert gelegt. Zum einen schreiben die elementarpädagogischen Fachkräfte jede Woche auf das große Projektplakat, das meistens an der Außenfront der Gruppentüre hängt und für Eltern gut sichtbar ist, einen besonderen Schwerpunkt **des erfolgten Projektteils** aus dieser Woche auf, um ihre Arbeit transparent zu machen. So erfahren Eltern, was ihre Kinder im emotionalen, sozialen, motorischen und kognitiven Bereich lernen konnten (entsprechend strukturiert und gegliedert ist das Plakat) bzw. welche **Entwicklungsbereiche** der Kinder bei welcher Tätigkeit besonders unterstützt wurden (es gibt neun Entwicklungsbereiche: Emotionalität, Soziabilität, Fantasie, Denkfertigkeit, Kreativität, Intelligenz, Sprache/ Sprechen, Motivation/Interessen, Motorik). Damit gibt es im Situationsorientierten Ansatz **keinen prospektiven Wochenplan mehr, sondern einen strukturierten Rückblick.**

Zum anderen führen die elementarpädagogischen Fachkräfte während der Projektdurchführung ein Projekttagebuch, in dem täglich besondere Ereignisse/Erfahrungen schriftlich festgehalten werden, wichtige Dinge eingeklebt werden können, Kinder ihre Erlebnisse einmalen können oder Fotos befestigt werden. (Lerntagebücher und Portfolios können bei Bedarf selbstverständlich weitere Begleitmaterialien sein.)

Nach Beendigung eines Projekts, das im Schnitt acht Wochen bis zu sechs Monaten dauert/dauern (oder teilweise noch länger) kann, folgt zusammen mit Kindern die große Auswertung. Dazu werden die Fotos, die während des Projekts gemacht wurden, angeschaut, Tonaufnahmen angehört, Bildaufnahmen betrachtet, Werkarbeiten „nach" bestaunt und das Projekttagebuch noch einmal durchgeblättert und kommentiert.

Da die elementarpädagogischen Fachkräfte schon während der Projektdurchführung begleitende Beobachtungen zu den Ausdrucksformen und Erzählwerten festgehalten haben, wird nach einem zeitlich angemessenen Ausklang mit dem neuen Projekt begonnen. Ungezählte Beispiele situationsorientiert arbeitender Kindergärten belegen, dass Projekte lebendige, aktive, lustvolle und spannende Erlebnisaktionen sind, die Kinder und Erzieher/-innen gleichermaßen faszinieren. Langeweile und Frust haben keine Chance, sich hier breitzumachen.

Obgleich jeder Tag seine Besonderheiten besitzt, hat der Tagesablauf im Situationsorientierten Ansatz eine klare Grundstruktur: Sind alle Kinder an dem jeweiligen Tag anwesend, wird zu einer **kurzen Einstiegsrunde** eingeladen. Dabei haben die Kinder die Möglichkeit, von der vergangenen Nacht, von ihren Träumen und ihrem Aufwachen, vom Weg zum Kindergarten bis zu den Erwartungen für den heutigen Tag zu berichten. Kindern wird damit die Möglichkeit gegeben, einen fließenden Übergang von zu Hause über den Weg zur Einrichtung bis zum Ankommen zu erleben!

Danach folgt der **Hauptteil** des Tages: die **Fortführung des Projekts**, bei dem am Ende des Vortages angeknüpft wird.

Und bevor nun die Kinder auseinander gehen und von ihren Eltern abgeholt werden, wird eine **Abschlussrunde** einberufen. In ihr haben die Kinder wiederum die Möglichkeit, sich gegenseitig zu erzählen, was an dem Tag besonders gut gewesen ist, worüber sich einzelne Kinder geärgert haben, was sie vielleicht traurig gemacht oder geängstigt hat, was ihnen vielleicht besonders gut gelungen ist und was für den kommenden Tag beachtet werden müsste, was mitzubringen ist oder besonders bedacht sein will.

Nun werden sich vielleicht einige elementarpädagogische Fachkräfte zum Schluss verwundert fragen, wo denn die jeweiligen **Bildungsrichtlinien ihres Bundeslandes** im pädagogischen Alltag einer situationsorientiert arbeitenden Kindereinrichtung berücksichtigt wurden/werden. Die Antwort ist einfach: Die in den jeweiligen, landeshoheitlichen Bildungsrichtlinien genannten Kompetenzbereiche/Förderschwerpunkte (z. B. gesundheitliche Bildung, Bewegungserziehung und Sport, musikalische Bildung, ästhetische, bildnerische und kulturelle Bildung, medienorientierte und informationstechnische Bildung, Umweltbildung, naturwissenschaftliche Bildung, mathematische Bildung, sprachliche Bildung, ethische und religiöse bzw. werteorientierte Bildung sowie soziale Bildung) werden in die jeweiligen Projekte integriert statt in Einzelangeboten funktionalisiert! Das heißt, dass selbstverständlich in jedem Projekt darauf geachtet wird, dass alle Schwerpunktbereiche ihre Berücksichtigung finden. Diese kommen allerdings nicht als „stundenplanähnliche Schwerpunktfelder" auf irgendeinen Plan, sondern die elementarpädagogischen Fachkräfte sind sich der Bildungsbereiche sehr wohl bewusst und bauen diese immer wieder sinnverbunden in die Alltagssituationen ein. Dieses Vorgehen kann nach Prof. Dr. Gerd Schäfer, dem bekannten Bildungswissenschaftler, als eine nachhaltige **„Bildung aus erster Hand"** bezeichnet werden im Unterschied zu einer „Bildung aus zweiter Hand", die sich dem gegenüber in einer zeitbegrenzten Fördereinheit im Sinne eines Stundenplanaufbaus niederschlagen würde, was der Situationsorientierte Ansatz konsequent ablehnt: aus einer tiefen Verantwortung vor Kindern, einer konsequenten Verfolgung des eigenständigen Bildungsverständnisses für die Elementarpädagogik, einer konsequenten Ausrichtung auf ein hirngerechtes Lernen sowie einer konsequenten Orientierung im Hinblick auf eine nachhaltige und lebenslang bedeutsame **Selbstbildung** des Menschen. Sie ist es, die das Leben lebenswert macht, zumal der Mensch damit die Grundlagen für seine spätere Selbstständigkeit, seine Autonomie und seine soziale Verantwortung für das Gemeinwesen, in dem er sich befindet, erlernt (hat). Und dafür sorgen elementarpädagogische Fachkräfte und unterstützen damit die elterliche Pädagogik. An dieser Stelle zeichnet sich ab, wie bedeutsam die Elementarpädagogik für die gesamte **Persönlichkeitsbildung** eines Kindes ist. Vorausgesetzt, dass sie sich für einen pädagogischen Ansatz entscheidet, der sich in vollem Umfang und in großer Eindeutigkeit für eine prozessuale Entstehung und Entwicklung von **Selbstbildungsprozessen** in/bei Kindern entschieden hat und Tag für Tag dafür sorgt, das Gute zu verbessern, das Notwendige in Gang zu setzen, das Entwicklungshinderliche aufzugeben und das Erforderliche Tag für Tag in Augenschein zu nehmen und damit zu beginnen, die ersten Schritte zu wagen, um einem wundervollen Ziel immer näherzukommen.

5 Literaturhinweise
(grundlegend für den Situationsorientierten Ansatz)

Entwicklungspsychologie

Pinquart, Martin/Schwarzer, Gudrun/Zimmermann, Peter: Entwicklungspsychologie – Kindes- und Jugendalter. Bachelorstudium Psychologie. Hogrefe Verlag GmbH, Bern 2011

Rossmann, Peter: Einführung in die Entwicklungspsychologie des Kindes- und Jugendalters. Verlag Hans Huber, Bern 2012

Schneider, Wolfgang + Lindenberger, Ulman (Hrsg.): Entwicklungspsychologie. Beltz Verlag, Weinheim 7. vollständig überarbeitete Auflage 2012

Wilkening, Friedrich/Freund, Alexandra M./Martin, Mike: Entwicklungspsychologie. Workbook. Beltz Verlag Weinheim, Programm PVU, 2008

Persönlichkeitsbildung der elementarpädagogischen Fachkraft

Cullberg Weston, Marta: Auf der Suche nach dem inneren Kind. Wege zu mehr Selbstachtung. Beltz Verlag, Weinheim 2011

Dick, Andreas: Mut. Über sich hinauswachsen. Huber Verlag, Bern 2010

Dunkel, Rainer Mathias: Lebensfreude im Beruf. Vom Glück der inneren Zufriedenheit. Verlag Präsenz Kunst und Buch, Hünfelden 2011

Guggenbiller, Heinrich: Meinen Frieden finden. Wach sein für das, was in uns selbst lebendig ist. Junfermann Verlag, Paderborn 2010

Jacob, Gitta/van Genderen, Hannie/Seebauer, Laura: Andere Wege gehen. Lebensmuster verstehen und verändern – ein schematherapeutisches Selbsthilfebuch. Beltz Verlag, Weinheim 2011

Little, Bill L.: Selbstzerstörung leicht gemacht. Wie Sie sich Probleme schaffen und wieder loswerden. Verlag Hans Huber, Bern 2010

Missildine, W. Hugh: In dir lebt das Kind, das du warst. Vorschläge zur Bewältigung des Alltags. Verlag Klett-Cotta, Stuttgart 19. Aufl. 2010

Müller, Günter F. & Braun, Walter: Selbstführung. Wege zu einem erfolgreichen und erfüllten Berufs- und Arbeitsleben. Verlag Hans Huber, Bern 2009

Patsch, Inge: Die Logik des Herzens. Vertrauen in das Leben gewinnen. Tyrolia Verlag, Innsbruck/Wien 2011

Ramsay, Graham Gordon + Sweet, Holly Barlow: Reiseführer zum Selbst. Wer bin ich und wer will ich sein? Verlag Hans Huber, Bern 2010

Stavemann, Harlich H.: ... und ständig tickt die Selbstwertbombe. Selbstwertprobleme erkennen und lösen. Beltz Verlag, Weinheim 2011

Stavemann, Harlich H.: Im Gefühlsdschungel. Emotionale Krisen verstehen und bewältigen. Beltz Verlag, Weinheim 2. Aufl. 2010

Stock, Jürgen: Das wäre doch gedacht. Wie wir uns aus der Falle eingefahrener Denkmuster befreien. Kösel-Verlag, München 2011

Tobler, Sibylle: Neuanfänge – Veränderungen wagen und gewinnen. Verlag Klett-Cotta 2009

Ulsamer, Bertold: Wie Sie alte Wunden allein heilen und neue Kraft schöpfen. Familienaufstellung ohne Stellvertreter. Kösel-Verlag, München 2010

Weiner, Christine: Als Erzieherin gelassen und erfolgreich. Fit im Beruf durch Selbst-Coaching. Kösel-Verlag, München 2010

Kinder im Mittelpunkt

Altner, Nils: Achtsam mit Kindern leben. Wie wir uns die Freude am Lernen erhalten. Ein Entdeckungsbuch. Kösel-Verlag, München 2009

Altner, Nils (Hrsg.): Achtsamkeit im Kindergarten. Wie das Miteinander gelingt. Beltz Verlag Weinheim 2012

Bergmann, Wolfgang: Lasst eure Kinder in Ruhe! Gegen den Förderwahn in der Erziehung. Kösel-Verlag, München 2011

Dollase, Rainer: Gruppen im Elementarbereich. Kohlhammer Verlag, Stuttgart 2011

Hüther, Gerald + Nitsch, Cornelia: Wie aus Kindern glückliche Erwachsene werden. Verlag Graefe und Unzer, München 2008

Krenz, Armin: Was Kinder brauchen. Aktive Entwicklungsbegleitung im Kindergarten. Cornelsen Verlag, Berlin, 7. erw. Aufl. 2010

Pfeffer, Simone: Emotionales Lernen. Ein Praxisbuch für den Kindergarten. Cornelsen Verlag Scriptor, Berlin 2007

Renz-Polster, Herbert: Menschenkinder. Plädoyer für eine artgerechte Erziehung. Kösel-Verlag, München 2011

Römer, Felicitas: Arme Superkinder. Wie unsere Kinder der Wirtschaft geopfert werden. Beltz Verlag, Weinheim 2011

Weber, Andreas: Mehr Matsch! Kinder brauchen Natur. Ullstein Verlag, Berlin 2011

Zoller Morf, Eva: Selbst denken macht schlau. Philosophieren mit Kindern und Jugendlichen. Zytglogge Verlag, Oberhofen 2010

Ausdrucksformen der Kinder und ihre Bedeutungswerte

Fleck-Bangert, Rose: Was Kinderbilder uns erzählen. Kinder setzen Zeichen – Gemaltes sehen und verstehen. Kösel-Verlag, München 2. Aufl. 1999

Bergmann, Wolfgang: Das Drama des modernen Kindes. Hyperaktivität, Magersucht, Selbstverletzung. Beltz Verlag, Weinheim 2006

Doherty-Sneddon, Gwyneth: Was will das Kind mir sagen? Die Körpersprache des Kindes verstehen lernen. Verlag Hans Huber, Bern 2005

Finger, Gertraud & Simon-Wundt, Traudel: Was auffällige Kinder uns sagen wollen. Verhaltensstörungen neu deuten. Verlag Klett-Cotta, Stuttgart 2003

Frotscher, Sven: 5000 Zeichen und Symbole der Welt. Umfassend erklärt und farbig illustriert. Haupt Verlag, Bern/Zürich/Wien 2006

Gier, Renate: Die Bildsprache der ersten Jahre verstehen. Kösel-Verlag, München 2004

Hauch, Gitta: „Der Doktor hat gesagt, es ist psychosomatisch ..." Kinderpsychosomatik für Eltern, Therapeuten und alle, die neugierig sind. Verlag modernes Lernen, Dortmund 2004

Hopf, Hans: Wenn Kinder krank werden. Besser verstehen- einfühlsamer helfen. Verlag Klett-Cotta, Stuttgart 2007

Kast, Verena: Die Dynamik der Symbole. Grundlagen der Jungschen Psychotherapie. Patmos Verlag, Düsseldorf 1990

Krenz, Armin: Was Kinderzeichnungen erzählen. Kinder in ihrer Bildsprache verstehen. Verlag modernes lernen, Dortmund 3. Aufl. 2010

Krenz, Armin: Kinderseelen verstehen. Verhaltensauffälligkeiten und ihre Hintergründe. Kösel-Verlag, München 2012

Lutz, Müller + Knoll, Dieter: Ins Innere der Dinge schauen. Arbeit mit Symbolen in Alltag und Therapie. Patmos Verlag, Düsseldorf 1998

Maguire, Anne: Hauterkrankungen als Botschaften der Seele. Patmos Verlag, Düsseldorf 2009

Martel, Jacques: Mein Körper – Barometer der Seele. VAK Verlag, Kirchzarten. 8. Aufl. 2011

Morschitzky, Hans + Sator, Sigrid: Wenn die Seele durch den Körper spricht. Psychosomatische Störungen verstehen und heilen. Patmos Verlag, Düsseldorf 2009

Oberthür, Rainer: Das große Buch der Symbole. Auf Entdeckungsreise durch die Welt der Religion. Kösel-Verlag, München 2009

Romberg-Asboth, Ingrid: Wenn die Kinderseele weint. Seelische Nöte erkennen und verstehen. Kösel-Verlag, München

Schmid König, Nelia: Damit Kindern kein Flügel bricht. Kindliche Verhaltensauffälligkeiten verstehen und ein gutes Familienklima fördern. Kösel-Verlag, München 2010

Vollmar, Klausbernd: Welt der Symbole. Lexikon. Verlag Königsfurt, Krummwisch

Vollmar, Klausbernd: Symbole von A-Z. Alle Symbole aus Traum, Märchen, Geschichte und Alltagsleben. Parabel-Moewig Verlag, Rastatt 2004

Inklusion

Albers, Timm: Mittendrin statt nur dabei. Inklusion in Krippe und Kindergarten. Ernst Reinhardt Verlag, München 2011

Haupt, Ursula: Wie Lernen beginnt. Grundfragen der Entwicklung und Förderung schwer behinderter Kinder. Kohlhammer Verlag, Stuttgart 2006

Klein, Ferdinand: Inklusion von Anfang an. Bewegung, Spiel + Rhythmik in der inklusiven Kita-Praxis. Bildungsverlag EINS, Köln 2012

Könitz, Tanja: Jedes Kind ist einzigartig. Inklusion in Tageseinrichtungen für 0- bis 3-Jährige. Cornelsen Verlag, Berlin 2012

Klein, Ferdinand: Inklusive Erziehungs- und Bildungsarbeit in der Kita. Heilpädagogische Grundlagen und Praxishilfen. Bildungsverlag EINS, Troisdorf 2010

Krenz, Armin + Klein, Ferdinand: Bildung durch Bindung. Frühpädagogik: inklusiv und beziehungsorientiert. Verlag Vandenhoeck + Ruprecht, Göttingen 2012

Kreuzer, Max + Ytterhus, Borgunn (Hrsg.): „Dabeisein ist nicht alles" – Inklusion und Zusammenleben im Kindergarten. Ernst Reinhardt Verlag, München 2008

Kron, Maria,/Papke, Birgit/Windisch, Marcus (Hrsg.): Zusammen aufwachsen. Schritte zur frühen inklusiven Bildung und Erziehung. Klinkhardt Verlag, Bad Heilbrunn 2010

Beobachtung

Denning, Thomas: Schritt für Schritt zur eigenen Beobachtung und Dokumentation. Bildungsverlag EINS, Troisdorf 2007

Held, Nina: Spielanlässe zur Erstellung von Bildungsdokumentationen. Spielerische Angebote für gezieltes Beobachten und Dokumentieren in der Kita. Ökotopia Verlag, Münster 2010.

Kazemi-Veisari, Erika: Kinder verstehen lernen. Wie Beobachten zu Achtung führt. Kallmeyer'sche Verlagsbuchhandlung, Seelze 2004

Koglin, Ute et al.: Entwicklungsbeobachtung und -dokumentation EBD 48-72 Monate. Eine Arbeitshilfe für pädagogische Fachkräfte in Kindergärten und Kindertagesstätten. Cornelsen Verlag Scriptor, 2010

Krenz, Armin: Beobachtung und Entwicklungsdokumentation im Elementarbereich. Olzog Verlag, München – mit CD-ROM. 2009.

Petermann, Ulrike/Petermann, Franz & Koglin, Ute: Entwicklungsbeobachtung und –dokumentation. Eine Arbeitshilfe für pädagogische Fachkräfte in Krippen und Kindergärten. (Mit CD-ROM). Cornelsen Verlag Scriptor, Mannheim 2008

Thierling-Hellweg, Elke: Fähigkeiten wahrnehmen – Stärken stärken. Ein Handlungsbuch zur Erstellung von Bildungsdokumentationen im Kindergarten. Ökotopia Verlag, Münster 2007

Viernickel, Susanne/Völkel, Petra und Gartinger, Silvia (Hrsg.): Früheste Beobachtung und Dokumentation. Bildungsarbeit mit Kleinstkindern. Bildungsverlag EINS, Troisdorf 2009

Neurobiologie

Carter, Rita: Das Gehirn. Anatomie, Sinneswahrnehmung, Gedächtnis, Bewusstsein, Störungen. Verlag Dorling Kindersley, London/ New York, Melbourne, München und Delhi 2010

Fuchs, Thomas: Das Gehirn – Ein Beziehungsorgan. Eine phänomenologisch-ökologische Konzeption. Verlag Kohlhammer, Stuttgart 2010

Gebauer, Karl: Klug wird niemand von allein. Kinder fördern durch Liebe. Patmos Verlag, Düsseldorf 2007

Hüther, Gerald + Michels, Inge: Gehirnforschung für Kinder. Felix und Feline entdecken das Gehirn. Kösel-Verlag, München 2009

Hüther, Gerald: Die Macht der inneren Bilder. Wie Visionen das Gehirn, den Menschen und die Welt verändern. Verlag Vandenhoeck + Ruprecht, Göttingen 2005

Jackel, Birgit: Lernen, wie das Gehirn es mag. VAK Verlags GmbH, Kirchzarten 2008

Zimpel, André Frank (Hrsg.): Zwischen Neurobiologie und Bildung. Individuelle Förderung über Grenzen hinaus. Vandenhoeck + Ruprecht, Göttingen 2010

Bindung

Brisch, Karl Heinz + Hellbrügge, Theodor (Hrsg.): Wege zu sicheren Bindungen in Familie und Gesellschaft. Prävention, Beleitung, Beratung und Psychotherapie. Verlag Klett-Cotta, Stuttgart 2009

Grossmann, Karin + Grossmann, Klaus E.: Bindungen – das Gefüge psychischer Sicherheit. Verlag Klett-Cotta, Stuttgart 2004

Henneberg, Rosi/Klein, Lothar/Schäfer, Gerd E.: Das Lernen der Kinder begleiten. Bildung, Beziehung, Dialog. Kallmeyer Verlag, Seelze 2011

Jungmann, Tanja + Reichenbach, Christina: Bindungstheorie und pädagogisches Handeln. Ein Praxisleitfaden. Verlag SolArgent Media AG, Basel 2010 (Edition BORGMANN MEDIA, Dortmund)

Juul, Jesper et al.: Miteinander. Wie Kinder Empathie stark macht. Beltz Verlag, Weinheim 2012

Bildung

Brandes, Holger: Selbstbildung in Kindergruppen. Die Konstruktion sozialer Beziehungen. Ernst Reinhardt Verlag, München 2008

Crain, William: Lernen für die Welt von morgen. Kindzentrierte Pädagogik – Der Weg aus der Erziehungs- und Bildungskrise. Arbor Verlag, Freiamt im Schwarzwald 2005

Elschenbroich, Donata: Weltwissen der Siebenjährigen. Wie Kinder die Welt entdecken können. Verlag Goldmann, München 2002

Geiger, Gunter + Spindler, Anna (Hrsg.): Frühkindliche Bildung. Von der Notwendigkeit frühkindliche Bildung zum Thema zu machen. Verlag Barbara Budrich, Opladen und Farmington Hills 2010

Liegle, Ludwig: Bildung und Erziehung in der frühen Kindheit. Kohlhammer Verlag, Stuttgart 2006

Schäfer, Gerd E. (Hrsg.): Bildung beginnt mit der Geburt. Beltz Verlag, Weinheim 2005

Schäfer, Gerd E. + Staege, Roswitha (Hrsg.): Frühkindliche Lernprozesse verstehen. Phänomenologische und ethnographische Beiträge zur Bildungsforschung. Juventa Verlag, Weinheim/München 2010

Schäfer, Gerd E.: Bildungsprozesse im Kindesalter. Selbstbildung, Erfahrung und Lernen in der frühen Kindheit. Juventa Verlag, Weinheim 2011

Textor, Martin R.: Zukunftsorientierte Pädagogik: Erziehen und Bilden für die Welt von morgen. Wie Kinder in Familie, Kita und Schule zukunftsfähig werden. Books on Demand GmbH, Norderstedt 2012

Spiel(en)

Donaldson, Fred O.: Von Herzen spielen – die Grundlagen des ursprünglichen Spiels. Arbor Verlag, Freiamt 2007

Hüther, Gerald + Gebauer, K. (Hrsg.): Kinder brauchen Spielräume – Perspektiven für eine kreative Erziehung. Patmos Verlag, Düsseldorf 2003

Oerter, Rolf: Psychologie des Spiels. Ein handlungstheoretischer Ansatz. Beltz Verlag, Weinheim 1999

Pausewang, Freya: Dem Spielen Raum geben. Grundlagen und Orientierungshilfen ... Cornelsen Verlag, Berlin 2006

Pohl, Gabriele: Kindheit – aufs Spiel gesetzt. Warum Spielen nötig ist, damit Kinder ihre körperlichen, seelischen und geistigen Fähigkeiten entfalten können und was sie dazu brauchen. dohrmannVerlag, Berlin 2. Aufl. 2008

Zimpel, André Frank: Lasst unsere Kinder spielen! Der Schlüssel zum Erfolg. Vandenhoeck + Ruprecht, Göttingen 2011

vom Wege, Brigitte + Wessel, Mechthild: Spielen im Beruf. Spieltheoretische Grundlagen für pädagogische Berufe. Bildungsverlag EINS, Troisdorf 2004

Innen- und Außenraumgestaltung

Bodenburg, Inga: Der Entwicklung Raum geben. Ausstattungsideen für Kitas. Cornelsen Verlag, Berlin 2012

Godau, Michael: Sinnvolle Außengestaltung in Kita und Krippe. Verlag an der Ruhr, Mülheim 2010

Haug-Schnabel, Gabriele + Wehrmann, Ilse (Hrsg.): Raum braucht das Kind. Anregende Lebenswelten für Krippe und Kindergarten. Verlag das netz, Weimar/Berlin 2012

Lange, Udo + Stadelmann, Thomas: Spiel-Platz ist überall. Lebendige Erfahrungswelten mit Kindern planen und gestalten. Luchterhand Verlag, Neuwied/Berlin 2001

Pappler, Manfred + Witt, Reinhard: NaturErlebnisRäume. Neue Wege für Schulhöfe, Kindergärten und Spielplätze. Kallmeyer'sche Verlagsbuchhandlung, Seelze 2001

Schönrade, Silke: LebensOrt Kindergarten. Fotoband zur Innenraumgestaltung, borgmann verlag, Dortmund 2009

Schönrade, Silke: Kinderräume, Kinderträume. ... oder wie Raumgestaltung im Kindergarten sinn-voll ist. borgmann publishing, Dortmund 2001

Van Dieken, Christel + van Dieken, Julian: Einblicke in Kitas. Schöne Räume für 0- bis 3-Jährige. Cornelsen Verlag, Berlin 2013

von der Beek, Angelika et al.: Kinderräume bilden. Ein Ideenbuch für Raumgestaltung in Kitas. Beltz Verlag, Weinheim 2. Aufl.

von der Beek, Angelika: Bildungsräume für Kinder von Null bis Drei. verlag das netz, Weimar/Berlin 2006

von der Beek, Angelika: Bildungsräume für Kinder von Drei bis Sechs. verlag das netz, Weimar/Berlin 2010

Statt eines Nachworts

Mithilfe eines „Akrostichons" soll der Versuch unternommen werden, Wesentliches aus dem „Situationsorientierten Ansatz" auf den Punkt zu bringen:

- S   wie selbsterfahrungsorientiert für Kinder und Erzieher/-innen
- i   wie identitätsfördernd für Kinder und Erzieher/-innen
- t   wie teamrelevant (ohne stimmige Innenqualität kann keine wirkliche Umsetzung des Ansatzes geschehen)
- u   wie unabhängig von unberechtigten Erwartungen der Eltern und der Öffentlichkeit
- a   wie aktuell ausgerichtet auf die Entwicklungsbedürfnisse der Kinder
- t   wie transparent für Eltern und eine interessierte Öffentlichkeit
- i   wie intensives Leben und Lernen mit Kindern
- o   wie optimaler Einsatz für die Verbesserung der Lebenswelten von Kindern
- n   wie nichts für alle, die einen ruhigen Arbeitsplatz wollen
- s   wie selbstwertfördernd für Kinder und Erzieher/-innen
- o   wie offen für eine ständige Weiterentwicklung der Professionalität
- r   wie radikal und klar in der Umsetzung von berechtigten Zielen
- i   wie interessiert am seelischen Wohlergehen von Kindern
- e   wie engagiert für eine stetige Qualitätsverbesserung der Pädagogik

n	wie niemals aufgeben, auch wenn gesetzte Ziele schwer zu erreichen sind
t	wie temperamentvoll und motiviert in die Hände spucken, um Unmögliches möglich zu machen
i	wie initiativ werden, um aus eigener Verantwortung heraus die Weiterentwicklung des Ansatzes zu unterstützen
e	wie einmal mehr die Entwicklungsbedürfnisse von Kindern vor Augen haben
r	wie ruhig einmal mehr als üblich den Tag reflektieren, um aus gewonnenen Erfahrungen neue Impulse zu finden
t	wie tastend, suchend, fragend in die Erzählwerte kindeigener Ausdrucksformen einzutauchen
e	wie eifrig lesen und Weiterbildungsseminare besuchen
r	wie rastlos auf der Suche danach sein, ob mit den gegenwärtigen Projekten tatsächlich die Lebenspläne der Kinder aufgegriffen wurden
A	wie arbeitsintensiv und anstrengungsbereit, um das Gute ständig zu verbessern
n	wie neugierig sein, um Unbekanntes zu entdecken und immer wieder aus Erfahrungen zu lernen
s	wie sachorientierte Fachdiskussionen suchen und führen
a	wie aktiv das Unbekannte in Bekanntes wandeln, wie tief in sich selbst den eigenen Lebensplan suchen
z	wie zäh am Ball bleiben, ohne bei Misserfolgen aufzugeben.

BurckhardtHaus-Laetare
Aus der Praxis – für die Praxis

 192 Seiten, 19,90 Euro

 96 Seiten, 9,90 Euro

 96 Seiten, 9,90 Euro

 208 Seiten, 19,90 Euro

 96 Seiten, 9,90 Euro

 96 Seiten, 9,90 Euro

 208 Seiten, 19,90 Euro

 96 Seiten, 9,90 Euro

 96 Seiten, 9,90 Euro

 192 Seiten, 19,90 Euro

 96 Seiten, 9,90 Euro

 72 Seiten, 9,90 Euro

 212 Seiten, 19,90 Euro

 96 Seiten, 9,90 Euro